아닌 줄 알면서
또 사랑에 빠지고
말았습니다

아닌 줄 알면서 또 사랑에 빠지고 말았습니다

초판 1쇄 발행	2020년 7월 27일
지은이	김희원
발행인	김태한 외 1명
펴낸곳	책과강연
총괄기획	이정훈
도서제작기획	김태한

주소	서울 서초구 서초대로 54길 9-8 예림B/D 4층
전화	02-6243-7000
홈페이지	www.writing180.com
블로그	blog.naver.com/writingin180days
인스타그램	@writing_in_180_days
유튜브	책과강연
카카오톡	writing180
등록	2017년 7월 2일 제2017-000211호

ISBN	979-11-962830-7-0

· 책 가격은 뒤표지에 있습니다.
· 파본은 구입하신 서점에서 교환해 드립니다.
· 저자와 협의 하에 인지를 생략합니다.

이 도서의 국립중앙도서관 출판예정도서목록(CIP)은 서지정보유통지원시스템
홈페이지(http://seoji.nl.go.kr)와 국가자료종합목록 구축시스템(http://kolis-net.nl.go.kr)에서
이용하실 수 있습니다. (CIP제어번호 : CIP2019052928)

실행하는 지금이 실현하는 순간입니다.
[책과강연]에서는 여러분들의 원고를 기다리고 있습니다. 원고 투고 및 의견은
writingin180days@naver.com으로 보내주세요. 함께 만들어 갑니다.

'내 책을 서점에서 만나는 기적'

타로 마스터가
이야기하는
연애관찰기록

아닌 줄 알면서
또 사랑에 빠지고
말았습니다 김희원

츠승

프롤로그

사랑이 지옥 같은 날

 어린 시절 나는 늘 의기소침했고 유난히 타인의 관심에 목말라하던 아이였다. 주목받고 싶은 마음에 과한 행동을 하거나 대놓고 심술부리기도 했다.
 학창 시절엔 친구관계가 원만하지 않았고, 가족은 한 공간에 머물렀지만 그렇다고 같이 살았다고도 할 수 없을 만큼 많은 시간을 혼자 보냈다.

 외로움이라는 기근에 시달리던 나는 사춘기 무렵부터 연애를 꿈꾸기 시작했다. 바싹 말라 타들어가던 마음은 한여름 소나기처럼 나를 적셔줄 사랑을 찾아 헤맸다. 그러나 애간장을 태울수록 연애의 결과는 비참했다. 조바심에 사랑을 퍼붓다가도 상대의 반응이 기대에 못 미치면 가차 없이 관계를 끊어버렸다.
 외로움으로 비롯된 크고 작은 상처들은 떠내려 온 쓰레기더미처럼 내 삶에 아무렇게나 방치되었고 벗어나려고 하면 할수록 상황은 비뚤어지기만 할 뿐이었다. 마구잡이로 휘둘러댄 감정의 칼날은 곧바로 나를 향해 날아들었다.

스스로 상처받던 날들에 나는 무기력했고, 어찌할 바를 몰랐다.

사람이 굶주리면 잡히는 대로 입에 넣고 보는 욕망의 지배를 받게 된다. 허기를 채우는 데 급급한 연애의 악순환에 빠지고 마는 딜레마는 스스로를 병들게 했고, 타인을 고통스럽게 만들었다.

사람이 보일 때 그제야 사랑이 보인다는 사실을 깨닫게 된 것은 그로부터 오랜 시간이 지난 후의 이야기다. 연애로부터 상처받고, 그 상처로 인해 다시 잘못된 연애로 빠지고 마는 연애 미숙자들을 상담하면서 나는 매번 그들과 함께 아파해야만 했다.

이들이 떨리는 목소리로 나를 찾을 때 적당한 거리의 공적 관계로만 대할 수 없는 이유는, 그들의 아픔을 누구보다 내가 잘 알기 때문이다. 그들의 외로움이 지난 내 사적 외로움들과도 다르지 않기에.

나는 '심리타로사'다.
독이 될 수 있는 관계 속에서 허우적거리는 사람들에게 거울을 들어 현실을 정면으로 비춰주는 일을 한다. 상담을 하다 보면 고개를 돌려 현실을 외면하는 사람이 있는가 하면 과감히 거울을 깨부수고 왜곡된 자아를 받아들이려 애쓰는 사람도 있었다.
이 책은 '심리타로'를 보면서 상담자와 내담자라는 공적 관계를 넘어서 상식의 범주를 벗어난 그들의 심리와 불안정한 행동을 면밀히 관찰한 기록이다. 준비되지 않은 누군가에게는 연애와 결혼이 삶의 비극이 될 수 있음을 내담자들을 통해 수도 없이 확인할 수 있었다.

나는 어긋난 관계를 단번에 바로잡을 수 있는 직접적인 묘수를 제공하지 않았다. 어긋난 관계는 어긋나도록 두는 게 차라리 옳기 때문이다.

누군가 타로는 왜 보느냐고 묻는다면, 나는 '자기 주제를 파악하기 위해서'라고 대답해줄 것이다. 각자 인생의 주제는 스스로 정해야 하지만 상대의 삶까지 자기 잣대로 함부로 해석하거나 평가해서는 안 된다.

한 쪽이 관계에 불안을 느끼게 되면, 자신뿐만 아니라 상대의 행동까지도 합리화하고 강요하려는 태도를 보이게 된다. 잃고 싶지 않은 마음이 평평하던 두 사람의 관계를 무너뜨리고 그 순간 한 쪽이 맹목적으로 감정을 휘두르게 되는 것이다.

감정이 지나치게 고양된 이러한 상태를 사랑이란 언어로 포장해버리고 말 때, 두 사람의 관계는 이미 위태로운 시한폭탄을 안고 시작하는 것과 다르지 않다.

최선을 다해 사랑한 결과는 아이러니하게도 배신으로 끝나는 경우가 많다.

만일 당신의 최선이 상대에게 집착으로 읽혔다면 상대의 배신은 배신이 아니라, 집착을 이겨내지 못한 정당한 '돌아섬'이라 해야 옳은 것은 아닐까.

만약 지금 연애로 힘든 시간을 보내고 있다면, 한걸음 물러서서 혼탁한 감정으로부터 상대와 당신을 분리해 볼 필요가 있다. 두 사람의 관계를 객관화할 수 있는 거리를 유지할 수 있을 때, 그것이 반복되는 연애의 악순환을 끊어내는 시작이다.

내가 지금껏 해왔던 심리타로는, 내담자의 기질을 알려주고 상황을 객관적으로 이해하도록 돕는다. 상대를 둘러싼 심리적, 환경적 정황을 추적해가면서 최악의 결과를 막을 수 있도록 하는 것이 최종 목표다. OX 퀴즈처럼 단순한 점술과는 거리가 있음을 미리 밝힌다.

당신이 읽게 될 이야기는 나쁜 연애로 악순환의 고리에 빠진 이들의 실제 사례이다.

책 속의 인물들은 당신 자신일 수도, 당신 주위의 가까운 누군가일 수도 있다.

이 책을 덮은 뒤에는 온전한 나로서 당당한 연애를 다시 시작할 수 있게 되기를 기대한다.

차례

프롤로그 … 4

1. 유부남에게만 끌리는 그녀 … 12

2. 제자를 포기할 수 없는 여교수 … 26

3. 댄스 강사와의 로맨스 … 36

4. 회피 로맨티스트를 기다리는 여인 … 50

5. 첫사랑의 올가미에 갇힌 여성 … 66

6. 히스테리 미녀의 고민 … 82

7. 처음 만난 날 같이 잤는데 연락이 없어요 … 94

8. 과거 결혼 사실을 숨긴 남자를 계속 만나야 할까요? … 102

9. 남편의 정신적 외도, 용서해야 할까? … 108

10. 매일 혼자서 이혼하는 친구 … 120

11. 구두쇠 남자와의 지독한 연애 … 134

12. 장모를 사랑한 사위의 비밀 … 148

13. 끊을 수 없는 집착, 중년 신사의 빗나간 사랑 … 160

14. 운명이라 믿었던 그녀가 달라진 이유 … 170

15. 외로움이 부른 외로움 … 186

16. 썸의 함정 … 198

17. 다시 돌아오는 남자들1 … 204

18. 다시 돌아오는 남자들2 … 216

19. 동거는 괴로워 … 222

20. 궁상떨던 애인의 마지막 메시지 … 230

21. 애매하게 잠수 타던 남자가 당황한 이유 … 244

22. 명문대 매력남은 왜 무릎을 꿇었을까 … 256

23. 세상을 속이던 그가 놓친 것들. '리플리 증후군' … 270

에필로그 … 282

1

유부남에게만 끌리는 그녀

◆

그녀가 나를 찾아온 건 2013년 어느 가을이었다.

간호학을 전공한 30대 초반의 여인은 까무잡잡한 피부의 주근깨가 앳돼 보이는 얼굴과 잘 어울렸다. 여성스럽고 차분한 목소리는 여자가 들어도 눈길이 갈 만큼 매력적인 음색이었다.

마주앉은 내가 부담스러웠는지 시선을 피하던 그녀는 앞에 놓인 주스 잔을 만지작거리다 조심스럽게 입을 뗐다.

"유부남과 비밀스런 연애를 했는데, 어떤 낌새도 없이 이별 통보를 받았어요."

"얼마나 만나신 거예요?"

"7개월 정도요."

"통보를 문자로 받으셨어요?"

"네, 원래 떨어져 있을 때 전화는 거의 안 해요. 가정이 있는 사람이니. 그래도 그런 내용을 문자로 받으니까 너무 기가 막혀요."

"황당했겠네요. 문자로 뭐라고 하던가요?"

"지금 많이 힘들다고, 그냥 나중에 연락할 수 있을 때 하겠다면서……."

아내와 이혼까지 하겠다고 했던 남자였단다. 항상 자신을 걱정하고 살뜰히 챙기던 남자가 어느 날 갑자기 심경이 복잡하다며 달랑 짧은 메시지 한 줄을 남기고 잠수를 탄 것이다.

"전날까지도 같이 저녁 먹고 집에 데려다주면서, 서로 맘 변치 말자고 했었어요. 그런데 어떻게 하룻밤 사이에 이럴 수가 있어요?"

"그럴 수 있어요. 변수는 예고 없이 생기니까요."

사진 동호회에서 만난 그는 두 살 연상의 평범한 회사원이었다.

처음부터 그가 눈에 들어온 것은 아니었다. 정기 모임 때마다 그는 2차를 가지 않고 언제나 먼저 일어났다. 다른 사람들이 술을 권해도 먹는 둥 마는 둥 하고 담배도 피우지 않았다.

그녀의 이상형은 모범적이고 사근사근한 성격을 가진 남자였다. 그를 보면 볼수록 자신이 바라던 사람이라는 생각이 들었다. 그렇게 그에게 호감을 갖고 있던 상황에서 그가 가정이 있는 유부남이라는 사실을 알게 되었다.

"그 사람이 결혼한 사람이란 걸 알았을 때, 그 순간엔 체념이 되던가요?"

"체념할 뻔했는데, 그러지 못했어요."

"어떤 이유에서요?"

"이혼을 앞두고 있다는 말을 하더라고요."

"그 얘기가 어떤 타이밍에 나온 거예요?"

"제가 물어봤어요. 아내랑 사이가 좋으시냐고. 그랬더니 손으로 입을 반 정도 가리면서 조용하게 말했어요. 저만 들릴 정도로요."

얼떨결에 듣게 된 그의 사생활 고백에 그녀는 당혹스러우면서도 안도감이 들었다고 한다. 그 순간 어째서 그런 감정이 들었는지 자신도 이해할 수 없다고 했다.

"그 사람이 먼저 만나자고 했나요?"

"아뇨, 제가 했어요."

"먼저 만나자고 했다고요?"

"네, 어차피 이혼할 거라고 했으니까요."

나는 그때 보았던 그녀의 당돌한 눈빛과 말투가 6년이 지난 지금까지도 잊히지 않는다.

눈을 마주치지 않고 테이블 아래만을 응시하던 그녀의 첫 모습과는 너무나 대조적이었기에.

두 사람은 동호회 활동을 하면서 비밀 연애를 지속했다. 각자의 일에도 충실하면서 그가 이혼 준비를 잘 할 수 있도록 그녀는 그의 곁에서 독려했다.

"정말, 이렇게 끝난 건 아니겠죠?"

그녀의 애달픈 질문에 나는 타로 카드를 섞어 파란색 스프레드 천 위에 펼쳤다.

"네, 이걸로 끝난 건 아닌 듯해요."

그녀는 참았던 숨을 내뱉으며 눈물을 글썽였다.

"그런데 그분을 믿을 수 있어요?"

그녀에게 물었다.

"네, 당연히 믿을 수 있죠."

"전 못 믿겠네요. 또 같은 상황이 반복돼요. 제 의견이 아니라 카드 해석이에요."

"반복된다는 건, 다시 돌아와도 또 그런다는 거예요?"

"그렇죠. 그땐 남자의 그런 행동에 익숙해져요. 그게 그냥 일상이 되는 거죠."

"말도 안 돼요."

"어떤 게 말이 안 되죠?"

"계속 반복된다는 건 이혼을 안 한다는 거잖아요."

"네, 충분히 그럴 수 있어요."

"이혼을 안 하고 만나는 사이라면 전 뭐죠? 그냥 즐기기 위한 상대일 뿐인가요?"

"글쎄요. 이혼을 한다 해도 반드시 결혼으로 이어지는 건 아니에요. 상담하면서 남자들이 상대를 대할 때 말과 달리 진지하지 못한 경우를 많이 봤거든요. 설령 진심으로 이혼을 생각하고 있다고 해도 이혼이 쉬운 일은 아니죠. 자기 뜻대로 되기가 쉽지 않아요."

그녀는 시무룩한 표정을 지으며 이게 끝은 아니라는 타로 결과에 희망을 걸고 돌아갔다. 그로부터 2개월 동안 이틀에 한 번꼴로 전화를 걸어와 남자에게서 연락이 올지 확인하기를 반복하는 그녀는 심히 불안해 보였다.

그녀는 일에 집중을 할 수 없어서 퇴사를 고민할 정도로 그와의 문제에 빠져 있었다. 그런 그녀가 안타까워서 휘둘리는 감정에 공감하려 노력했지만 수도 없이 반복되는 질문에 부담을 느끼게 되면서 상담을 거절하게 되었다.

그녀가 다시 연락을 해온 건 그로부터 2년이나 흐른 뒤였다. 오랜만에 본 그녀의 얼굴은 피곤한 기색이 역력했다.

"정말 오랜만에 왔네요. 선생님은 잘 지내셨어요?"

"네, 저야 잘 지냈죠. 그동안 연애는 잘 하고 계셨던 건가요?"

"아뇨. 전 왜 이렇게 연애가 안 풀리는지 모르겠어요."

2년 전 일방적으로 연락을 끊었던 유부남은 그녀가 나와 마지막 상담을 한 이후에 두 차례 연락이 왔었다고 한다. 하지만 얼마 못가 다시 연락이 두절되었고 그 어떤 통보의 메시지도 없었다고 했다.

"전 지금도 이해가 안 가요. 연락을 하지나 말지, 다시 볼 것처럼 해놓고 아예 잠수타버리고."

"연락 왔을 때 기분이 어땠어요? 반가웠어요?"

"당연하죠. 다시 연락만 오면 무조건 잘 될 줄 알고 있었으니까요."

연락이 곧 관계 회복이라 믿었던 것이다. 그러나 재회가 뜻대로 되지 않아 힘들어하던 중 그녀는 남자를 잊게 해준 새로운 사람을 만났다고 했다.

"새로 만난 분과는 지금 어떤 상태예요?"

"별로 안 좋아요. 또 제가 기다리고 있는 상황이에요."

새로운 남자와 1년 넘게 교제하다가 또다시 이별 통보를 받은 상태라는 것이다. 그런데 놀라운 건, 그 남자 역시 유부남이라는 사실이다. 아내와 헤어질 때까지 기다려달라는 점 역시 이전 남자친구가 희망고문 했던 방식과 비슷했다.

한 가지 다른 점이 있다면 이 남자는 집착에 가까울 정도로 그녀의 일거수일투족을 감시했다는 것이다.

"연애 초반부터 집착을 하던가요?"

"막 사귀기 시작했을 땐 그냥 연락을 자주 하는 정도였는데 한 달 정도 지나서부터 심해지더라고요. 만나면 바로 핸드폰부터 살펴보고 조금만 연락이 안 돼도 부재중 전화가 10통씩 와 있고."

"그렇게 하는 게 좋았던 거예요?"

"아뇨, 그땐 제가 부담돼서 피해 다녔죠."

"그럼 왜 그 남자를 기다려요? 집착하는 게 부담됐다면서요. 이제 자유를 찾았잖아요."

"저도 제가 왜 그런지 모르겠어요. 차라리 저한테 집착했던 그때가 더 편했던 것 같아요."

"지금은 마음이 안 편해요?"

"네, 상황을 되돌리고 싶어요."

"하지만 그때는 그 사람의 행동 때문에 힘들었잖아요?"

"힘들긴 했어도 그 사람이 절 많이 좋아해서 그런 건데 그땐 그걸 이해해주지 못했어요."

"그래서 떠난 것 같아요?"

"네, 제가 그 사람을 너무 밀어내서요."

나는 그녀의 심리에 집중하며 타로 카드를 펼쳤다.

"유진 씨는 연애가 왜 하고 싶어요?"

타로 카드를 살펴보며 던진 나의 뜬금없는 질문에 그녀는 눈을 동그랗게 뜨고 머뭇거리다 대답했다.

"글쎄요. 사랑받고 싶어서겠죠?"

"혹시 그 사랑을 여러 사람한테 받고 싶어요?"

그녀는 선뜻 대답하지 못했다.

"제가 이런 질문을 하는 이유는, 유진 씨가 사람 자체에는 별로 관심이 없어 보여서 그래요. 상대가 어떤 사람인지는 관심 밖이고 오로지 나를 사랑해 줄 인물인지 아닌지 확인만 하고 끝내는 것 같아서요."

"……."

"혹시 그 남자가 집착을 하게끔 일부러 유도한 건 아니에요?"

그녀는 꿀 먹은 벙어리처럼 아무 말도 하지 않았다. 혼란스러운 얼굴이었다.

나는 그녀가 말할 때까지 기다리는 동안 혼자 여러 번의 셔플을 돌려 카드를 뽑았다. 그리고 말했다.

"카드를 보면 볼수록 뭔가 복잡한 느낌이네요. 그런데 한 가지만큼은 뚜렷해 보여요."

"어떤 거요?"

그녀가 물었다.

"한 사람에게 마음을 얻으면 곧바로 싫증나는 거요."

"제 모습이 카드에 그렇게 나와요?"

"아닌가요? 아니면 아니라고 말씀하셔도 돼요."

"맞는 것 같아요."

그녀는 남자를 만나는 동안 그의 집착에 답답함을 느껴 다른 남자들을 몰래 만났었다고 실토했다. 하지만 그 집착이 싫지만도 않아 관계를 정리할 마음은 없었다. 사랑해서가 아니었다. 만났을 때 그가 잘해주는 것이 좋았고 조만간 이혼할 거라며 호언장담하는 그가 예전 유부남과 다르게 이혼하겠다는 약속을 지키는지 궁금하기도 했다. 그런데 그 남자마저도 자신을 떠나자 그녀는 그때부터 남자에게 매달리고 싶은 마음이 생겼다.

"그 남자가 원망스러워요?"

"아뇨. 그 사람은 잘못 없어요. 제 잘못이 커요. 그리고 결정적으로 그의 아내 때문이에요."

"아내는 왜요?"

"그 사람은 이혼 생각이 확고했거든요. 아내가 놔주지 않아서 이렇게 된 것 같아요."

"그건 무슨 논리죠?"

"그 사람은 저만 바라보던 사람인데 아내의 개입 없이는 이럴 수 없는 거죠."

그녀는 이별에 대한 분노의 화살을 남자의 아내에게 돌리고 있었다. 나는 잠시 망설이다 말했다.

"유진 씨의 말 대로 아내가 자신의 남편이 바람피운 사실을 알게 돼서 이 문제에 개입한 게 맞다면 그의 아내야말로 피해자 입장이겠네요. '내 남편이 어떤 여자 때문에 이혼하고 싶어 하는구나'하고요."

그녀는 대답하지 않았다. 모순된 생각을 지적할 때마다 그녀는 손톱을 만지작거리며 한동안 시선을 피했다.

"다시 돌아올까요?"

그녀는 한숨 섞인 목소리로 힘주어 말했다.

"아뇨. 안 돌아올 확률이 높아요."

"그럼 그냥 연락도 안 와요?"

"연락이라도 해주면 좋겠어요?"

"네……."

"다른 여자를 만나고 있는 듯해요. 카드 그림들이 말해주네요."

그녀는 의외로 덤덤한 표정이었다.

"지금 만나는 여자를 저보다 더 좋아할까요?"

"그 남자는 예전에 만난 분과는 좀 달라요. 관심의 대상이 한번 바뀌면 뒤도 안 돌아보는 타입이에요. 더 이상 비교 대상이 아닌 거죠."

"배신감이 드네요. 그래도 왠지 그 여자랑 정리되면 돌아올 것 같아요."

그녀는 희망의 끈을 놓지 않겠다는 자세였다. 남자에게 연락이 오면 그때 다시 오겠다는 말을 남기고 돌아갔다.

그녀에게는 조언이 통하지 않았다. 그저 내가 주술이라도 부려서 자신이 바라던 답이 타로 결과에 나오게 해주길 바라는 듯했다.

그녀의 이야기를 들어보면 안정적인 사랑을 꿈꾸는 것 같지만, 실제로는 자신이 매달리고 끝없이 기다리는 비련의 여주인공 역할 속으로 뛰어들었다. 묘한 긴장감과 스릴을 즐기고 온전히 내 것이 될 수 없는 것에 반복적으로 집착했다.

아프게 실패한 유부남과의 첫 번째 관계를 다시 보상 받으려 또다시 유부남을 택했지만 자신에게 집착하는 그의 방식은 안도감과 동시에 지루함을 불러왔다.

언젠가 나는 그녀의 유년 시절에 대해 질문한 적이 있다. 아버지와의 관계에 대해서 말이다.

그녀의 기억 속 아버지는 그녀가 일곱 살 때까지 사랑을 주다가 초등학교에 입학할 무렵 엄마의 친한 지인과 외도를 저지르게 되면서 몇 년간 집에 들어오지 않았다고 한다. 그녀는 아버지가 왜 집에 들어오지 않았었는지 중학생이 되어서야 엄마에게서 지난 모든 정황을 듣게 되었다.

바로 그날부터, 그렇잖아도 멀어진 아버지를 더 멀리하고 증오하기 시작했다. 그녀의 방황은 그때부터 시작되었던 걸까. 유독 가정이 있는 남자에게 끌렸던 이유와 그녀의 과거 경험은 밀접한 관련이 있어 보였다. 엄마의 지인이 아버지를 빼앗아갔다고 믿었던 것처럼 유부남의 아내가 마치 자신을 사랑해주던 아버지를 놓아주지 않는 것으로 느꼈던 것은 아닐까. 자신이 버려진 느낌이 너무 무서워서, 그 감정 자체를 부정하기 위해서 말이다.

사랑의 대상을 빼앗겼던 그녀의 억울함은 엉뚱하게도 평범한 연애를 하는 것에 흥미를 잃게 만들었다.

  그녀는 오로지 유부남의 사랑을 확인하는 것만이 목표인 듯 보였다. 그들은 그녀의 결핍을 채우는 역할, 그 이상도 이하도 아니었다. 어릴 적 해결되지 않은 그녀 안의 감정은 가질 수 없는 대상을 빼앗는 것에 집착했고, 정작 원하는 것을 손에 넣고 나면 싫어지게 만들었다.

  3개월이 지나, 그녀는 지인의 도움으로 우여곡절 끝에 남자와 통화했다는 소식을 전해왔는데 남자에게서 자신을 떠났던 이유는 들을 수 없었다고 한다. 그녀는 또다시 재회 운을 보고 싶어 했지만 나는 정중히 거절했다. 더 이상의 타로 확인은 의미가 없기 때문이었다. 그녀에게 나중에라도 심리상담을 받아볼 것을 권유했지만 그녀는 대답을 회피했다.

  4년이란 시간이 흐른 지금도 나는 가끔 그녀와 비슷한 상담을 하기 위해 찾아오는 내담자를 볼 때마다 그녀의 연애 안부가 궁금해진다. 지금도 공허함을 채우기 위해 일탈을 하려는 남자들에게 빠져 있는 건 아닌지, 다른 여자의 남자를 빼앗아야 하는 게임 같은 연애를 하고 있을지 말이다. 만약 그렇다면, 지금이라도 스스로에게 어려운 과제를 주는 일을 멈추기를 바란다.

타로가 자신의 편이 되어주기만을 바라던 그녀의 방황은 아버지에게 버려졌다고 믿는 그녀 안의 무의식을 만났을 때에야 비로소 끝낼 수 있다.

2

제자를 포기할 수 없는 여교수

◆

"당신이 그러니까 점쟁이 노릇밖에 못 하고 사는 거야."

여교수가 나에게 악성 게시글을 남긴 건, 3년 전의 일이다. 그 당시 제자와의 연애로 스캔들이 폭로된 후에도 제자를 포기하지 못해 갈등하던 그녀는 나에게 여러 차례 전화상담을 받았다.

자신이 원하는 대답을 해주지 않으면 불만부터 드러내는 사람들이 종종 있었지만 대놓고 직업을 비하한 내담자는 처음이었다. 분한 마음에 그녀가 내게 이런 말을 해도 될 만한 입장인지 따져 묻고 싶었지만 그만두었다. 그녀가 왜 그랬는지 알 것 같았기 때문이다.

여교수의 사연은 이랬다.

40대 후반의 나이, 지방에 있는 모 대학의 교수였던 그녀는 어느 날 자신의 전공과는 무관하게 모델을 꿈꾸었던 20대 초반의 제자에게 뜻밖의 사랑고백을 받게 된다. 교수님을 속으로 좋아하고 있었다고 밝힌, 호리호리한 체격에 선한 얼굴을 한 제자를 보며 그녀의 가슴이 심하게 요동쳤다. 사실은 그녀도 그 학생이 너무나 마음에 들었기 때문이다.

"혹시 교수님도 저를 괜찮다고 생각하시면 톡으로 답변 주세요."

자신의 의사를 당돌하게 밝힌 제자에게 곧바로 연애 감정을 느낀 교수는 돌아올 수 없는 강을 건너고 만다.

남편과 이혼을 앞두고 있고, 자녀가 있는 상태였던 그녀는 앞도 옆도 보지 않은 채 제자와의 연애에 뛰어들었고 위태로운 관계를 이어가게 된다.

그러던 어느 날, 두 사람의 데이트를 목격한 다른 학생에 의해서 소문이 돌기 시작했다.

그녀의 스토리를 듣던 중 이 대목에서 제자의 심리카드를 펼쳤다. 점점 소문이 확대되자 불안감을 느낀 제자는 헤어지기로 결심하지만, 여교수에게 솔직히 털어놓지 못하고 안절부절못하는 모습이 카드에서 드러났다.

제자가 고민하는 데는 이유가 있었다. 실은 여교수에게 학비를 지원받으며 경제적으로 의존하고 있는 상황이었던 것이다. 펼쳐본 그림에서 그는 족쇄에 옭매여 있었다. 그와 그녀의 관계가 '돈'이라는 매개에 의해 강력하게 붙들려 있음을 직감했다. 헤어지자고 말하면 여교수가 어떻게 나올지 두려웠던 것이다.

제자는 같은 과 친구들과 술을 마시던 중에 무심코 이 사실을 털어놓고 말았다. 그 자리에 있던 친구들은 부모 나이 대의 가정이 있는 교수와 사귄다는 말에 충격을 받고 여교수를 찾아가 사실관계를 따져 묻기에 이르렀다.

며칠 뒤, 학교 커뮤니티에 여교수를 비판하는 익명의 글이 올라왔다. 소문만 무성하던 마른 덤불에 제대로 불을 놓은 것이다.

이날부터 비난의 화살은 여교수를 향해 맹렬히 날아들었다. 스캔들의 주인공이 된 것이다. 결국 제자의 부모까지 이 사실을 알게 되었고 그녀는 쫓겨나다시피 사직서를 내고 학교를 나와야만 했다.

그 후로 제자는 핸드폰 번호를 바꾸고 일방적으로 연락을 끊었다고 한다. 비참한 기분으로 나에게 다시 연락을 해온 그녀의 목소리에는 울분이 가득했다. 나는 물었다.

"선생님은 제자의 어떤 면에 처음 끌리셨던 거예요?"

"솔직히 그 애가 좀 잘생기긴 했어요. 왠지 정이 가고 그냥 좋았어요."

"그렇군요. 지금 카드를 뽑아봤는데 아직은 포기가 안 되시나요?"

"네, 그래서 미치겠어요. 뭔가 억울해요."

"어떤 부분이 억울하신데요?"

"내가 그 자식한테 퍼부은 게 얼만데요! 이대로 끝났다는 게 믿기지 않아요."

 그녀는 하루아침에 직장을 잃은 현실보다, 누군가가 퍼트린 소문으로 인해 제자와의 연애를 지속할 수 없다는 사실 때문에 분노하고 있었다. 단순한 미련이 아니었다.

 그녀는 어느 날 혼자 여행을 가기 위해 집을 나선 길에서 우연히 제자를 마주쳤던 상황을 들려주었다.
 후드 티셔츠에 모자를 쓴 제자가 반대편에서 걸어오고 있었고, 한낮이라 그의 얼굴을 단번에 알아볼 수 있었다. 그녀가 흥분되고 반가운 마음에 웃으며 인사를 건네려는 순간, 제자는 차가운 표정으로 눈길을 피한 채 지나쳤다. 퇴직한 지 한 달여 만의 일이었다.
 그렇게 마주치기 전에는 제자도 자신을 그리워할 거라 생각했다. 시간이 지나 상황이 잠잠해질 즈음, 자신에게 연락을 할 거란 희망을 가졌던 것이다. 그러나 그 제자가 보여준 차가운 눈빛은 그녀의 기대를 무너뜨렸다. 철저히 소외되고 세상이 끝난 것 같다고 했다.
 그녀는 제자를 포기할 수 없어서 타로에 의존하기 시작했다. 제자의 현재 상태, 마음을 매일같이 내게 전화를 걸어 확인하려 했다.
 그러던 어느 날, 나는 그녀에게 명료하게 말했다.

"제자는 돌아오지 않을 거예요. 기다리지 마세요."

"왜죠? 그걸 선생님이 어떻게 확신하세요? 카드 결과가 아니라 선생님의 개인적인 생각 아닌가요?"

나는 대꾸하지 않고 가만히 기다렸다. 한참 침묵이 흐른 뒤, 그녀가 먼저 입을 열었다.

"혹시 그 애의 친구 말인데요, 저한테 와서 따졌던. 그 애가 저를 좋아해서 그랬던 게 아닐까요? 그리고 익명의 게시물도 그 애가 올린 것 같다는 생각이 들어요."

그녀는 자신이 제자에게 버림받았다는 생각에 매몰되어 있었다. 그러면서도 한편으로는 그 사실을 부정하기 위해 그럴듯한 이유를 만들어내고 있었다. 자신을 짝사랑한 제자의 친구가 제자와 자신을 떼어놓기 위해 벌인 일이라고 믿고 싶었던 것이다. 나는 물었다.

"학교 게시판에 누군가가 익명으로 선생님에 대해 남겼던 그 글을 보고 왜 가만히 계셨던 거예요?"

"……"

그녀는 대답하지 않았지만, 나는 알고 있었다. 게시글을 올린 사람이 제자의 친구가 아닌, 자신이 사랑하는 제자일지 모른다는 두려움이 있었기 때문이었다. 버림받고 싶지 않았던 것이다.

"지금 선생님에게 필요한 건 그 제자가 아니라 새 직장이에요. 제자는 새로운 여자친구가 생겼다고 하네요. 오래가진 못할 것 같지만요. 그렇지만 여자친구와 헤어지더라도 선생님께 돌아오지 않아요. 이건 타로로 본 겁니다. 그리고 제 생각을 말씀드릴게요. 우연히 길에서 본 날 제자의 차가운 눈빛을 보셨다고 했죠? 그것은 그 제자가 선생님께 보여준, 말보다 더 확실한 메시지였던 것 같네요. 그리고 죄송하지만 제자와 관련한 상담은 오늘까지만 할게요."

그녀는 내 말을 듣고는 아무런 인사도 없이 전화를 끊었다. 크게 화가 난 모양이다.

그렇게 마지막 상담을 한 그날 밤 웹 사이트 게시판에 그녀는 나를 비난하는 글을 남겼다. 글을 읽는 순간 잠시잠깐 감정이 요동치긴 했지만, 그녀가 품은 절망과 분노를 이해하고 있기에 묵묵히 받아내고 마음으로 안아주었다. 누구의 잘잘못을 떠나 마음이 너무 아팠을 테니까.

첫 상담을 하던 날, 그녀에게 어린 시절에 대한 이야기를 물은 적이 있다. 무남독녀 외동딸로 귀여움을 독차지했던 그녀는 아버지의 사랑을 듬뿍 받았다고 했다.

그녀가 유치원에 들어갈 무렵, 아버지는 바람이 났고 그 사실을 알게 된 그녀의 엄마는 매일같이 아버지에게 언성을 높였고, 풀리지 않는 스트레스를 어린 그녀에게 풀었다.

결국 부모는 이혼을 하게 되었는데 엄마는 그녀를 데려가지 않았다. 아버지와 새엄마의 손에서 자라게 된 그녀는 혹시나 찾아올 엄마를 매일같이 기다렸다.

초등학교에 들어간 후 엄마를 만날 기회가 있었는데 엄마는 자신을 반가워하지도, 안아주지도 않았다.

'몇 년 만에 딸을 보고도 냉랭했던 엄마.'

이 대목에서 순간 목에 뭔가 '턱'하고 걸리는 기분이 들었다. 그 상실감이 오죽했을까. 그녀가 가여워서 조용히 속으로 울었던 기억이 난다. 그 상처를 껴안고 지금껏 살아왔을 그녀 역시 피해자일 테니.

어쩌면 돌변한 제자의 차가운 눈빛에서 그리웠지만 냉담하기만 했던 엄마의 얼굴이 순간 겹쳐진 것일지도 모른다. 사건 이후 유일하게 기댈 곳이 나였는데, 내게서조차 원하던 답을 듣지 못하자 눌러놓은 분노가 일순간 터져버린 것이다.

남편이 외도를 했을 때, 여성들의 행동은 세 가지로 나뉜다. 매일 바가지를 긁으며 결혼 생활을 이어가는 경우와 이혼하고 자식을 데려가는 경우, 그리고 가정을 통째로 포기하는 경우다.

그녀의 어머니는 세 번째를 택했다.

세 번째 방법을 택하는 여성들은 자녀를 낳아도 모성이 존재하지 않거나 약한 경우가 많다. 모성이 없거나 약하다는 건, 그만한 이유가 있다. 오랜 시간 우울증을 앓아왔거나, 엄마 역시 냉정한 엄마에게서 자랐을 때 그렇다.

애정이 결핍된 사람들 전부가 모성애가 없는 것은 아니다. 아이를 두고 떠났다가 다시 찾는 엄마도 있지만 끝까지 찾지 않는 엄마도 있다. 분명한 것은 심한 애정결핍과 우울증이 함께 있을 때는 자신이 아닌 다른 누군가를 돌볼 여력이 없다는 사실이다.

그녀의 어머니는 바람피운 남편과 그런 남편의 얼굴을 빼닮은 딸을 볼 때마다 증오심을 느꼈을 수 있다. 그로 인해 그녀가 느껴왔을 외로움과 소외감은 사회적으로 권위 있는 직업을 얻음으로써 상실감을 보상받고자 한 것일 수도 있다.

그녀는 상대로부터 배신당하지 않기 위해 제자에게 경제적 지원을 했다. 사랑해서, 선의로 시작된 지원이라 할지라도 결과적으로 그녀가 건넨 '돈'은 연인관계를 강제하는 힘의 행사로 비춰지기에 충분했다. 제자에게는 말이다.

제자는 그녀에게 서서히 지쳐갔다. 그의 마음은 그녀가 '돈'을 건넨 순간 이미 파국을 향해 틀어지기 시작한 것이다.

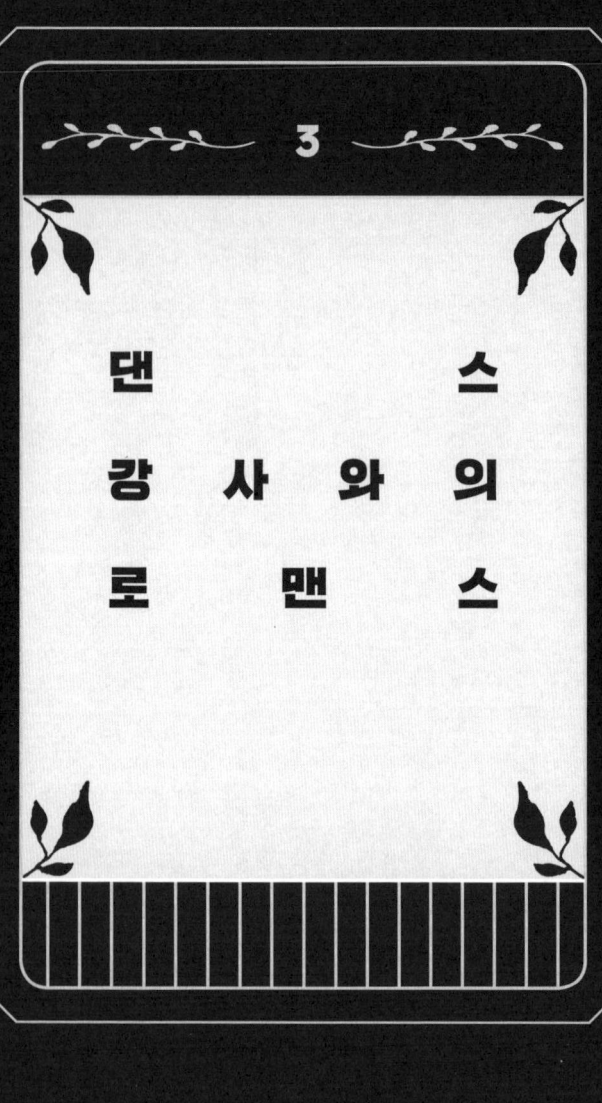

3

댄스 강사와의 로맨스

◆

 전화로만 상담해오던 내담자를 실제로 보았을 때 나는 깜짝 놀랐다. 화장기 없이 수수한 얼굴에 튀지 않는 옷차림인데 그녀는 눈에 띄는 매력을 갖고 있었다. 적당히 큰 키에 적당히 마른 체형, 웃을 때 보이는 덧니가 귀엽기까지 했다. 그녀의 깜찍한 단발머리가 덧니와 조화를 이뤘다. 오래 사귀어온 남자친구와 이별, 재회를 반복하던 그녀였기에 어떤 일로 찾아왔는지 궁금했다.
 "오랜만이네요. 어쩐 일로 방문을 다 하셨어요?"
 "직접 온다고 해서 놀라셨죠? 선생님 얼굴도 볼 겸 연애상담도 받아보려고요."
 "그래요? 혹시 새로운 사람이 나타난 거예요?"
 "새로운 사람이긴 한데, 아직 사귀는 건 아니고요."
 "그럼 썸남? 어떻게 만나게 된 분인데요? 궁금하네요."
 전 남자친구에 대한 미련은 더 이상 없다고 말하면서도 왠지 얼굴에는 어둑한 그림자가 드리워져 있었다.

　내가 아는 그녀는 차분한 사람이다. 상대를 볼 때 외적인 것보다는 배울 점이 있는 사람인가를 먼저 생각했다. 그런 차분한 성격 탓에 연애의 기회가 쉽게 다가오지 않는 면도 있었다.

　"왠지 수영 씨가 소개팅을 했을 것 같진 않은데?"

　"네, 제가 춤을 배우러 다니거든요."

　"춤이요? 어떤 춤이요?"

　"댄스 스포츠요."

　"의외인데요? 그런데 잘 어울릴 것 같아요."

　"올 초에 신년 타로 봤을 때 선생님이 활동적인 취미를 하나 만들라고 하셔서 적극적으로 알아봤거든요. 아시다시피 제가 은둔형이라 사람들 많은 춤 동호회는 꿈도 못 꿨는데 왠지 끌리더라고요."

　"혹시 거기서 춤만큼 끌리는 남자도 만난 건가요?"

　"네, 맞아요."

　그녀는 홍조 띈 얼굴로 말갛게 웃으며 말했다.

　그녀의 눈에 든 남자는 같은 수강생이 아닌 춤을 가르치는 강사였다. 열심히 춤만 배우다가 같이 춤을 출 기회가 생겼는데 자신이 초보자임에도 불구하고 강사와 춤 호흡이 너무 잘 맞아서 깜짝 놀랐다고 한다. 그 생각은 남자도 마찬가지였다.

　"다른 남자 수강생들과 춤출 때와는 달랐다는 거죠?"

"네, 180도 달랐어요. 수강생들 중에는 춤을 오래 춘 사람들도 많거든요. 단순히 그분이 노련미가 있어서 끌린 건 아니에요."

"그렇겠죠. 10명의 이성과 스킨십을 했다고 해서 다 짜릿한 게 아닌 것처럼."

"맞아요. 전 제가 누구랑 스킨십을 하는 게 이렇게 좋을 줄 몰랐어요."

"전엔 스킨십 자체를 별로 안 좋아한다고 그랬잖아요."

"네. 손잡는 것도 어색했었는데...저 그 사람한테 완전 빠져든 것 같아요."

"수영씨가 느끼기에 그 사람도 수영 씨한테 마음이 있어 보여요?"

"네, 조금은요. 사실 개인적으로 한 번 같이 술 마신 적 있어요."

"술을요? 단둘이 마신 거예요?"

"처음엔 셋이 마셨어요. 다른 회원 한 분이랑 같이요. 그러다가 회원분은 집에 가고 둘이 남아서 얘기를 오래 했거든요."

"그랬구나. 얘기 해보니까 어떤 사람 같아요?"

"좀 가볍다고 해야 할까요? 장난을 너무 잘 쳐서 좀 깨는 느낌을 받았는데, 신기한 건 그 사람하고 춤출 때랑 똑같이 계속 가슴이 두근거리더라고요."

"이미 육감적으로 끌렸으니 신체 반응은 똑같겠죠."

그녀가 그토록 끌리는 그 남자의 마음이 궁금해서 셔플을 돌렸다.

"그 사람 장난 잘 친다고 했죠? 원래 그런 사람은 아닌 것 같아요."

"그러면요?"

"애초에 수영 씨한테 반한 것 같네요."

"네에? 말도 안 돼요."

"뭐가 말이 안 돼요?"

"저를 너무 편하게 대하던걸요."

"그 사람은 수영 씨가 좋아서 그런 거예요. 혹시 그날 다른 회원이 가고 나서 장난기가 더 심해지지 않았어요?"

"아, 그랬던 것 같아요. 말이 너무 많기도 했고 가벼운 장난이 좀 과해서 제가 먼저 그만 일어나자고 했거든요."

"그 사람은 수영 씨랑 맥주를 마시면서 좋아진 게 아니라 이미 첫눈에 반한 거라니까요."

"선생님 말씀이 진짜였으면 좋겠어요."

"그런데 한 가지 걸리는 점은 왠지 솔로는 아닐 것 같아 보여요."

"물어보진 않았는데 실은 제 예감도 그래요. 그게 너무 신경이 쓰여서 선생님 직접 찾아뵌 거예요."

그녀는 조금 체념한 듯 말을 이었다.

"만약 애인이 있다 해도 제가 계속 좋아할 것 같아서 걱정이에요. 그래봤자 짝사랑이겠지만."

며칠 후, 그녀는 예상대로 강사에게 연인이 있다는 소식을 듣고 내게 전화를 걸어왔다.
"선생님, 정말 큰일이 벌어질 것 같아요."
"네. 얘기해 봐요."
"어제 강습 끝나고 저한테만 따로 맥주 한잔 하자고 하더라고요. 저도 물어볼 게 있으니까 그러자고 했죠. 그런데 제가 물어보기도 전에 먼저 말했어요. 선생님 말씀대로 제가 처음부터 너무 끌렸대요. 같이 춤출 때도 호흡이 척척 맞고 이성적으로 끌렸다면서."
"고백하고 나서 애인이 있다고 밝히던가요?"
"네, 애인이랑 동거하고 있대요. 하지만 저한테 마음이 너무 가서 괴롭대요."
"괴로울 만도 하겠네요. 그런데 그분 참 솔직하네요. 애인의 존재를 숨기고 고백만 할 수도 있었을 텐데."
"숨기려야 숨겨질 수 없는 사람이에요."
"누가요?"
"그 사람 동거녀가 여자 강사예요. 정말 충격이에요."
"그럼 수영 씨도 매일 보겠네요?"

"네, 매일 보다가 그분이 지난주에 휴가 받아서 본가에 갔다가 이번 주에 돌아온다는데 그분 얼굴을 어떻게 보죠?"

"어제 분위기는 어땠는데요? 고백받고 나서."

"전 바람둥이는 싫다고 했어요. 강사님한테 애인이 있다는 걸 알기 전엔 저도 좋았는데 지금 상황을 알고 나니까 다시 보게 된다고요."

"바람둥이는 싫다고 했지만 수영 씨도 그분한테 좋다는 고백을 한 거네요."

"그렇죠. 그냥 난 관심 없다고 했으면 깔끔했을 텐데……."

이후에 두 사람은 급속도로 가까워졌고 남자는 집으로 돌아온 애인에게 헤어질 것을 요구했다고 한다.

"선생님, 너무 무서워요."

"뭐가 제일 겁나요?"

"유부남을 건드린 기분이에요."

"그 둘은 결혼을 약속한 사이였나요?"

"그렇진 않았대요. 여자 강사분이 애초에 동거할 때 결혼을 전제로 동거하진 말자고 했었다고 하더라고요."

"수영 씨는 그 여자분이 받을 정신적 충격이 무서운 거죠?"

"네……."

"그럼 앞으로 어떻게 하고 싶어요?"

"전 그 사람이 저를 좋아해도 애인이랑 그렇게 빨리 정리하지는 못할 거라 생각했거든요. 제가 헤어지라고 한 것도 아닌데 제 의사도 안 물어보고. 솔직히 어떻게 해야 좋을지 전혀 모르겠어요."

그녀는 한동안 말을 잇지 못하고 생각에 잠겼다.

"그분은 환승이별을 결심한 듯 보이네요. 의사를 물어보면 수영 씨한테 책임을 주는 느낌이니까 안 한 거죠."

"……."

"더 안 만나실 수 있어요?"

"……."

"수영 씨도 포기 못 하겠지만 그 사람도 만만치 않아요. 그리고 그 두 사람 말인데요, 수영 씨가 나타나기 전부터도 헤어질 조짐이 있었네요."

"아, 맞아요. 그렇게 말하긴 했어요. 동거하면서 거의 매일 다퉜대요. 돈 문제로도 많이 싸웠다고 하고요."

"네. 아무튼 그 둘은 남자분이 헤어지자고 안 했으면 아마 여자분이 먼저 말했을 수도 있어요."

"그랬을까요?"

"일단 지금은 아무것도 하지 않는 게 최선일 것 같네요. 그리고 카드를 보니 두 분은 정식으로 연애하게 될 확률이 높지만 그 전에 고비 하나가 있을 거라고 하네요."

"고비요? 어떤 고비일까요?"

"그건 구체적으로는 모르겠어요. 한 가지 분명한 건 고비가 왔을 때 저항하지 말고 잘 버티시는 게 좋겠다고 하네요."

"네, 알겠습니다."

그렇게 돌아간 지 일주일 후, 그녀는 상기된 얼굴로 찾아왔다.

"얼굴이 안 좋아 보여요. 무슨 일 있었어요?"

"네, 선생님이 언급하셨던 그 고비를 겪은 것 같아요."

"혹시……?"

"네. 여자 강사님이 알게 됐어요."

"큰 고비가 왔긴 왔네요."

"어제 강습이 끝나고 그분이 회원분들 다 자리에 남아달라고 하더라고요."

여자 강사는 모두가 있는 자리에서 두 사람의 관계를 폭로했다고 한다.

"여러분, 제 애인과 저기 앉아 계신 여자 회원분이 제가 자리를 비운 사이에 바람이 났습니다. 잘 기억해주세요. 두 사람은 오늘을 끝으로 다시 이 자리에서 함께 볼 일이 없을 것 같아요. 두 사람, 할 말 있나요?"

여자 강사는 자신의 애인을 한번 쳐다본 뒤 그녀에게 시선을 고정시켰다. 그러고는 다시 물었다.

"이 상황이 억울하시면 이 자리에서 말씀하세요. 마지막으로 물을게요. 할 말 있어요?"

　남자 강사는 어안이 벙벙한 표정으로 고개를 숙이고 한숨만 내쉬었고 그녀는 망설임 없이 대답했다.

　"없어요."

　그녀의 대답을 들은 여자 강사는 당장 나가달라고 했다. 짐을 챙겨 나온 그녀는 차를 몰고 집으로 향했다.

　"상황으로만 보면 드라마 같네요. 그런데 상대가 수영 씨라는 건 어떻게 알게 된 거예요?"

　"그걸 확실히 모르겠어요. 저희가 평소 연락을 이메일로 주고받거든요? 그 사람 말로는 그걸 들킨 것 같다고 했어요."

　"수영 씨, 괜찮아요?"

　"네, 전 괜찮아요. 그런데······."

　그녀는 갑자기 말끝을 흐리며 울먹거렸다. 나는 티슈를 건네고 그녀가 진정될 때까지 기다렸다.

　"무슨 생각 때문에 울컥한 거예요?"

　"여자 강사분이 저를 쳐다보면서 얘기하는데 별로 독해 보이지가 않았어요. 차라리 독하게 몰아붙였으면 나았을 텐데 너무 안쓰러웠어요. 그 눈빛을 평생 못 잊을 것 같아요."

　"미안한 마음이 들어요?"

　"네, 너무너무. 제가 한 사람 인생에 크게 영향을 준 거잖아요."

"상처를 주게 된 건 맞죠. 그나마 다행인 건 수영 씨는 매 맞았잖아요. 사람들 있는 데서 굴욕을 감당했죠. 그것도 용기 있는 행동이에요. 그런 적 없다고 잡아떼거나 변명하지 않고 여자 강사가 던진 돌을 그냥 받아낸 건 잘한 것 같아요."

"정말 수치스러워서 뛰쳐나가고 싶었는데 선생님이 말씀하신 고비가 이건가 보다 생각하고 가만히 있었어요."

그녀가 느끼는 감정이 어떤 건지 조금 알 것 같았다. 그녀는 여자 강사와 자신의 입장을 바꿔 생각하며 상대 여성의 심정을 공감한 것이다. 그래서 여자 강사가 보는 이들 앞에서 망신을 주었다는 사실보다 그녀의 눈빛을 먼저 생각할 수 있었다.

나는 불현듯 떠오르는 질문이 있었다. 그녀에겐 말없이 카드를 펼쳤다.

"그런데 그 여자 강사 말이에요. 그분도 그리 떳떳하진 못해 보이네요."

"왜요?"

"카드에는 그분이 현재 상처받은 상태로 나오는 건 맞는데 양다리 카드랑 교만하게 웃고 있는 얼굴이 보여요. 전부터 몰래 교제해온 애인이 있을 수 있겠네요."

"그럼 그분도 바람을 폈던 걸까요?"

카드 해석과 현실이 일치한다면, 여자 강사는 양면성이 있는 사람이다. 꽤 주도면밀하고 권위적인 성향으로 비춰진다. 평소 남성을 아이 취급하고 자신의 강한 기운으로 누르려는 인물 카드도 여러 번에 걸쳐 나왔다. 환승이별을 하려는 애인에게 나름의 통쾌한 보복을 했지만 뒤에 남는 씁쓸함은 견디기 힘들었을 것 같다.

카드 그림을 한참 동안 쳐다보았다. 그녀가 실컷 울고 난 뒤 훌훌 털고 일어나 숨겨두었던 애인과 팔짱을 끼고 데이트를 하러 가는 모습이 떠올랐다.

두 달 뒤, 그녀는 한결 밝아진 얼굴로 나를 찾아왔다. 남자 강사는 일자리를 잃었지만 무척 행복해하며 취업 준비를 하고 있다고 했다.

"오랜만이네요. 만나니까 좋아요?"

"네, 시작은 떳떳하지 못했지만 지금은 너무 좋아요. 찝찝한 감정을 뛰어넘을 정도로요."

"남자친구가 잘해주나 봐요?"

"네. 가벼운 사람이라 생각했었는데 정식으로 사귀면서 굉장히 진지해서 놀랐어요. 선생님한테 너무 감사해요. 인사가 늦어서 죄송해요."

그녀는 가방에서 선물 박스를 꺼낸 뒤, 내게 건넸다. 과일향이 나는 캔들과 목 아플 때 먹는 허브캔디였다.

"뭘 이런 걸 다 챙겨왔어요. 고마워요."

"아니에요. 너무 약소해요. 아, 그리고 선생님이 맞추신 게 또 있어요."

"뭐데요?"

"그 사람의 지인 통해서 얼마 전 알게 된 사실인데, 여자 강사한테 진짜로 애인이 있었다더라고요. 제가 힘들어하는 것을 그분이 전해 듣고 너무 자책 말라면서 그렇게 얘기해줬대요. 우리도 잘한 건 없지만 막상 그런 말 들으니까 기분이 묘했어요."

"충분히 있을 법한 얘기예요. 그분은 자기가 먼저 헤어지자고 할 생각이었는지도 몰라요. 하지만 도리어 반대 상황이 되니까 이건 뭔가 싶었겠죠. 아무튼 뭐, 좀 황당하긴 해도 수영 씨 입장에선 그리 나쁜 소식은 아닌 것 같네요."

"이제 좀 다리 펴고 자게 됐어요."

나는 속으로 그녀가 남자 강사를 만나지 않길 바랐었다. 오랫동안 상담사로서 마주했던 그녀의 성격은 앞으로 일어날 일에 대해 미리 대비하는 것과는 거리가 먼 사람이었기 때문이다. 혹시나 남자에게 감정적으로 이용만 당하고 끝날까 봐 걱정된 것 또한 사실이다.

그녀는 상담을 받는 동안 그를 포기할 수 없는 자신의 내면을 알게 되면서 그의 애인에게 준 상처의 대가를 평생 동안 받을 각오가 되어 있다고 했었다.

자신의 잘못뿐만 아니라 남자가 결정한 일에 대한 책임까지 짊어지려는 그녀의 태도에서, 좋은 것만 쟁취하고 곤란한 상황은 회피하려는 수많은 연인들과의 차이를 느낄 수 있었다. 하지만 나는 그녀가 조금은 계산적이고 자신을 먼저 챙길 줄 아는 사람이었으면 좋겠다. 두 사람은 1년 반이 지난 지금까지 헤어지지 않고 잘 지내고 있다.

4

로맨티스트를 기다리는 여인

회피

◆

"그 사람은 절대로 저랑 헤어질 리 없어요. 타로에도 그렇게 나오죠?"

3년 전 어느 날, 처음 전화를 걸어왔던 40대 중반의 여성은 자신의 생각을 몇 번이고 확인받고 싶어 했다. 처음부터 그렇지는 않았지만 상담 횟수가 점점 늘어나면서 그녀는 원하는 결과에 대한 집착도 늘어갔다.

수화기 너머 처음 그녀의 음성을 들었을 때 평범하지 않은 목소리라고 생각했다. 여성의 목소리치고는 음색이 두꺼웠는데 첫 음부터 끝까지 하이 톤으로 자신의 생각을 거침없이 쏟아붙였다. 그렇다고 강하다기보다는 오히려 금방이라도 부러질 것 같은 아슬아슬함이 말 속에 묻어 있었다.

두 자녀를 둔 그녀는 23살에 지금의 남편과 맞선으로 결혼했다. 7살 연상이었던 남편은 부유한 집안에서 태어나 젊은 나이에 부모의 도움으로 사업을 시작해 꽤 많은 재산을 모았다.

그녀는 결혼 후 육아에만 전념해온 전형적인 주부였다. 성격도 외향적이지 못해 사교에 서툴고 친구도 적은 편이라고 했다.

타로를 펼치기 전, 나는 그녀에게 질문했다.

"요즘 가장 큰 관심사가 무엇인가요?"

"이혼이요. 그런데 자신이 없어요."

"아, 그러시군요. 이혼 관련해서 또 다른 고민 있으신가요?"

"2년 전부터 좋아하게 된 사람이 있어요. 그 사람은 저처럼 가정이 있는 사람이에요."

"그분과 현재 사귀고 계신 상태인가요?"

"네, 저는 그렇다고 생각하는데 그 사람은 어떨지 잘 모르겠어요. 서로 감정은 확인한 상태예요."

어딘가 모호한 그녀의 말에 구체적인 상황에 대해 설명해줄 것을 부탁했다.

그녀는 몸이 좋지 않아 한의원을 자주 다닌다고 했다. 자신을 담당해주는 의사를 남몰래 짝사랑한 그녀는 병원을 다닌 지 2년 만에 의사에게서 뜻밖의 고백을 듣게 된다. 그녀 자신만 좋아하고 있을 거라 생각했는데 의사 또한 자신을 좋아해온 것이다. 그가 진료 중에 불쑥 그녀에게 건넨 편지에는 이렇게 적혀 있었다고 한다.

— 오랫동안 좋아해왔습니다. 제가 이곳을 떠나 지방에 있는 병원으로 옮기게 되었는데 이대로 못 보게 되면 후회할 것 같아 이렇게 용기를 냈습니다. 이러면 안 된다는 걸 알지만 제 마음을 표현이라도 해보고 싶었습니다.

짝사랑하던 남자의 고백을 받은 그녀는 앞뒤 생각할 겨를 없이 그의 마음을 받아들이고 그가 편지와 함께 동봉했던 개인 명함을 보고 연락을 시작했다. 그는 무척 반가워했고 그간 자신의 숨겨둔 마음을 맘껏 드러냈다고 한다. 그녀가 처음 진료를 보러 온 순간부터 좋아해왔으며 운명임을 직감했다고. 지금은 서로 가정에 묶여 있는 몸이지만 언젠가는 분명 여생을 함께 보내게 될 날이 올 거라고 말이다.
"그 사람과 현재 문제된다고 느끼는 부분을 말씀해주시겠어요?"
"진심이 뭔지 모르겠어요. 말로는 사랑한다, 좋아한다 표현하는데 행동을 보면 믿음이 안 가요."
"연락을 잘 안 하던가요?"
"네, 거의 제가 먼저 문자를 보내야 답이 겨우 와요. 어떤 때는 답이 없을 때도 있고요."
상대방의 속마음을 확인하기 위해 타로를 펼쳐보았다.
"의사 선생님은 굉장히 로맨틱한 사람이긴 하네요. 그런데 어떡하죠? 이분은 지금 이대로가 좋대요."

"네? 사람 마음을 그렇게 들쑤셔놓고 이대로가 좋다니요? 원장님은 저랑 빨리 만나서 데이트하고 잠자리도 갖고 싶고 그런 맘이 없는 건가요?"

"있어요. 하지만 이 사람은 자신의 마음을 잘 알아요."

"그게 무슨 뜻이에요?"

"본인 안의 욕망이 한번 풀리면 열정이 금방 식을 거라는 걸 말이에요."

"그게 무슨······? 이해가 안 돼요."

"당연히 이해가 안 되시죠. 그런데 그분의 성향이 그래요. 그리고 현재 행동이 말해주고 있잖아요."

"······."

그는 전형적인 '회피 로맨티스트'였다. 나는 이런 느낌의 사람들을 그렇게 부른다. 언행일치가 되지 않고 늘 겉도는 느낌을 주는 남자 혹은 여자. 감성만큼이나 표현력도 섬세해서 사람의 애간장을 태우는 데 능숙하지만 상대가 용기를 내 한걸음 다가서면 한걸음 뒤로 물러서며 금세 거리를 벌리고 관망하려 드는 사람. 그들은 자기 주변의 일부 사람들을 제외하고 누군가와 깊이 친해지는 것을 극도로 꺼리는 경향이 있다. 그것이 친구이건 애인이건 상관없이 말이다.

"그분은 선생님께서 다가갈수록 문자에 답하는 횟수가 줄어들 거예요."

"그러면 대체 노년에 같이 살자는 둥 자길 믿어달라는 둥 그런 말은 왜 했던 건가요?"

"그분은 기약 없는 약속을 얼마든지 할 수 있어요. 왜냐하면 자신의 판타지가 유지되려면 선생님께 믿음을 주어야 하거든요."

그녀는 말문이 막히는지 내가 얘기하는 동안 여러 차례 한숨을 내뱉었다. 그렇게 짧은 첫 상담이 끝나고 일주일 뒤 그녀는 두 번째 전화를 걸어왔다.

"지난 주말에 그 사람이 일하는 지방 병원에 찾아갔어요. 진료를 계속 받으려고요. 그렇게라도 보는 게 좋을 것 같아서……."

꽤나 먼 거리였지만 그녀는 진료를 핑계 삼아 그와 마주하고 싶어 했다.

"괜찮으시겠어요? 진료만 보고 집에 오시는 길에 매번 외롭고 우울하실 수도 있는데……."

"이번에 다녀왔을 때, 정말로 그렇더라고요. 그래서 선생님께 여쭤보려고 전화했어요. 제가 계속 찾아가서 만나는 게 좋을까요?"

곧바로 타로를 펼쳤다. 찾아가는 것은 관계에 딱히 도움이 되지 않아 보였다. 정확히 말하자면, 그의 입장에서는 진료를 명

목으로 그녀의 얼굴을 볼 수 있어서 좋을지 모르겠지만, 매번 그녀에게 남는 건 상처뿐인 만남이었다.

나는 문득 첫 상담에서 그녀가 이혼을 언급했던 것을 떠올려 질문했다.

"남편에게 만족되지 않는 부분이 있나요?"

"그냥 사는 거죠, 뭐. 먹고살게 해주니까요."

자녀들도 일찍 결혼해서 분가한 상태이고 남편이 예나 지금이나 돈을 많이 가져다주어서 생활에 불편함은 없다고 했다. 나는 재차 만족되지 않는 부분이 뭔지 물었지만 그녀는 대답을 얼버무리며 넘어갔다.

나는 더 이상 묻지 않고 곧바로 타로를 펼쳤다. 겉으로 드러난 그녀의 모습과는 달리 과거의 그녀 모습에서 끔찍한 무언가가 읽혔다. 정확히 무슨 일이 있었는지는 모르지만 분명한 것은 그녀의 삶에 끔찍한 일이 있었다는 것이다.

"혹시 정신적 학대나 폭력을 당하신 일이 있었나요? 혹시나 해서 여쭤보는 거니 불편하시면 대답 안 하셔도 됩니다."

그녀는 잠시 주저했지만 이제 숨길 필요가 없다는 듯 입을 열었다.

"그게 나오나요? 아이를 둘 낳고부터 남편이 술을 마시고 들어오면 이유 없이 저를 때리기 시작했어요."

"그럼 지금까지 남편의 폭력을 견뎌온 건가요? 왜 참으셨던 거죠?"

"달리 방도가 없었어요. 술을 안 마실 땐 멀쩡했고 때리고 난 다음날은 항상 병원비 하라고 돈을 줬어요. 그리고 이혼 얘기를 꺼냈다가 그 후로 폭력이 더 심해졌고요."

"타로에는 남편 말고 한 명 더 괴롭히는 사람이 있다고 하는데, 누구인가요?"

"시어머니요. 정말 신기하네요."

그녀의 표현을 빌리자면, 남편과 시어머니는 '악당들'이었다. 어머니는 아들을 조종해 며느리를 괴롭혔다. 아들과 그녀 사이를 이간질하고 명절이나 생일만 되면 혼자서 음식을 모두 만들게 했다고 한다. 그렇게 자신을 미워하고 힘들게 한 이유를 그녀 자신도 모른다고 했다.

어느 날 그는 다른 여자가 생겼다며 집을 나가버렸고 생활비는 꼬박꼬박 보내주었다고 한다.

그녀는 위자료를 넉넉히 받아서 이혼하고 싶었지만 막상 혼자가 되는 것이 두려웠다. 어린 나이에 결혼 후 한 번도 경제활동을 해본 적이 없는 그녀로서는 이혼 결정이 쉽지 않았을 것이다. 차라리 남편에게 여자가 생긴 것이 잘된 일이라 여기며 그렇게 혼자 지내는 와중에 한의사를 좋아하게 되었고, 예기치 않게 사랑을 고백해온 그가 그녀에겐 동아줄이나 다름없었다. 그녀는 정신적으로 절박했다.

"그분이 이혼하고 선생님께 오길 바라시나요?"

그녀는 잠시 머뭇거리더니 대답했다.

"네, 그런데 아마 그렇게 되려면 시간이 오래 걸릴 거예요. 그 사람이 그랬거든요. 아이가 대학을 갈 때까진 그냥 이렇게 지내야 할 것 같다고요."

남자는 첫 번째 결혼에 실패하고 두 번째 결혼으로 자녀 둘을 두었다고 한다. 자신은 재혼을 무척 후회하고 있고, 아이들을 낳아 키우는 것에 대해 버겁고 힘든 마음을 털어놓았다고 한다.

첫 번째 아내와의 사이에서 생긴 아이가 한 명 있는데, 따로 지내고 있는 아이의 학비와 생활비까지 책임지고 있는 상황이라 자신의 수입은 거의 만져보지도 못한다고 했다.

"사실 그 아이가 저희 집 근처에 할아버지와 함께 살고 있어서 제가 한번 본 적이 있어요."

"그건 어떻게 된 일인 거죠?"

"그 애가 대학생인데 주말마다 아르바이트를 한다고 하더라고요. 그 사람이 부탁했어요. 자기 아이를 한번씩 보고 와달라고."

나는 의문이 들었다. 아이를 거듭 보여주고 부탁하기에 편한 관계가 아님에도 불구하고 왜 그는 그런 부탁을 했는지 말이다. 나는 그의 마음을 조금 심층적으로 보기 위해 타로를 열었다.

"기분이 언짢으실 수도 있지만 저의 해석으로는 그분이 선생님과의 관계를 조금 이용하고 있는 것 같아요."

"그럴 리가요? 뭘 해달라고 한 것도 아닌데요."

"앞으로 선생님이 자기 아이를 보게 되면 알아서 잘 챙겨줄 거라 기대하는 것일 수 있어요."

일주일 후, 그녀는 다시 전화를 걸어왔다.

"선생님, 저 다시 한 번 봐주세요. 정말 그 사람 저를 이용하고 있는지요. 어제 그러더라고요. 자신이 아버지와 아이를 못 챙기는 게 맘에 걸리는데 반찬 좀 해서 가져다주면 안 되겠냐고."

"그건 다시 확인하실 필요 없을 것 같아요. 그래서 반찬 만들어서 갖다 주셨나요?"

"네, 고민하다가. 안쓰럽기도 해서요. 근처에 사는 아버지 지인이라고 얘기하고 건네줬어요."

나는 그녀에게 설명했다. 봉사하는 마음으로는 아이를 챙길 수 있겠지만 그걸로 인해 더욱 상처 받는 일이 생길 수 있다고 말이다.

그는 재혼한 현재 가정을 챙기기에도 바쁜 사람이었다. 아빠로서 아이를 돌보지 못해 안쓰러운 것은 당연하다. 그러나 평소 그녀를 소홀히 대하고 있는 상황에서 자신의 아이를 살펴보게 했던 것은 이기적인 행동이다. 만약 그녀가 아이를 계속 만나다가 정이 든 상태로, 남자에게 이별통보라도 받으면 몇 배로 배신감과 상실감을 느낄 것이 분명하다. 하지만 나는 말리지 못했다. 그녀는 이미 그의 아이를 미래에 함께할 자신의 아이로 받아들인 것 같았기 때문이다.

그녀는 한참 만에 연락을 해왔다.

"도무지 그 사람의 속을 알 수가 없어요. 만나자는 말을 안 꺼내서 답답해 죽겠어요. 제가 먼저 언제 시간이 되냐고 몇 번이나 물었는데 계속 핑계만 대요. 그리고 제가 자기 아이를 그렇게 신경 써주는데도 처음에만 고마워하고 이젠 그런 말도 안 해요. 너무 화가 나서 좀 전에 제가 헤어지자고 말해버렸는데 이를 어쩌죠? 사실 지금도 화가 나지만 아무리 그래도 제가 무책임한 말을 한 것 같아서 걱정이 되는데 그 사람 마음이 어떨까요? 그냥 이대로 끝난 걸까요?"

그녀는 무척 흥분되고 불안한 상태였다. 나는 그녀를 조금 진정시킨 뒤 카드를 열었다. 그가 그녀를 붙잡을지, 그녀의 이별통보에 어떤 심정인지에 대해.

"붙잡지는 않겠네요. 그분은 이미 선생님이 자신의 아이를 챙겨주는 것에 익숙해져 있어요. 계속 아이를 봐주어야 할 사람이 이별 통보를 했다는 것이 실망스럽고 오히려 선생님께 배신감을 느끼고 화가 나있는 상태로 보여요."

"기가 막히네요. 대체 그 사람은 저랑 뭐하자는 거였죠?"

"제가 첫 상담 때 말씀드린 거 기억하시죠? 그분은 지금 이대로가 좋을 거라고요. 자신이 필요할 때 무언가를 부탁하고 정신적으로 사랑받는 것으로 그분은 충분했던 거예요."

상담 후 그녀는 남자에게 이별 통보 했던 것에 대해 사과하는 문자를 보냈다고 했다.

그러자 며칠 만에 그에게서 이런 답장이 왔다고 한다.

― 내가 부족하기 때문에 붙잡을 수 없었어요. 당신 뜻대로 해도 괜찮지만 우리가 언젠가는 다시 만날 날이 있을 거라 믿어요.

애매한 그의 말에 그녀는 기운이 빠졌다. 연애 기간 내내 확신을 주지 않더니 결국 허망한 말 몇 마디로 관계를 정리하자는 그의 말에 화가 났다. 그녀는 자신이 먼저 이별 통보를 했던 사실조차 잊고 오히려 의사에게 이별을 당한 기분을 느끼는 것 같았다. 한동안 매일 내게 상담 요청을 하고 그가 잠시 화가 난 것일 뿐이라며 상담자인 나를 끊임없이 회유했다.

남자의 심리타로에서 나온 결과를 살펴보면, 그녀가 이별을 번복하는 문자를 보냈을 때 그는 심적으로 안심하고 여유를 느껴 바로 답장을 하지 않았던 것으로 추측된다. 그녀의 문자를 보고 생각할 여유가 있었던 것은 그녀가 자신을 쉽게 떠날 수 없다는 사실을 확인하면서 얻게 된 그의 우월심리 때문이다. 나는 그녀에게 '그가 당신을 완전히 포기한 것이 아니라 당신의 마음을 조종하고 있다'고 말해주었다. 잠시 생각에 잠겨 있던 그녀는 이렇게 말했다.

"그럼 그 사람이 저를 먼저 떠나거나 그럴 일은 없는 거죠? 사실 며칠 전에 유명한 점집에 갔는데 무속인 할머님이 그랬거든요. 그 사람이랑 저는 조상이 맺어준 인연이라 절대 헤어질 일 없고 꼭 붙어 있게 된다고요."

나는 대답했다.

"네, 그럴지도 모르죠. 그런데 지금은 그 조상님들끼리 사이가 별로 좋지 않은지 두 분을 잘 엮어주고 있지 않네요. 그리고 정말 두 분의 인연이 운명이라면 이렇게 안절부절 하지 않으셔도 되지 않을까요."

몸이 가까워진 순간만 로맨틱해지는 사람들은 몇 가지 특징이 있다. 그들은 미소에 능숙하다. 진심으로 상대에게 관심 있음을 표정으로 잘 드러낸다. 표정은 은유적이면서 드러나는 감정이 진하고 풍부하다. 반면 둘의 관계를 현실적인 차원으로 끌어오려고 하면 불편해하고 심한 경우 자리를 떠나버리기까지 한다. 결국 의사가 그녀에게 전하고자 한 진심은 다음과 같다.

'난 당신을 책임질 수 없어요. 다만 나는 계속 사랑받고 싶어요.'

책임지지 않으면서 사랑받고 싶은 마음. 몸과 마음이 고단한 그의 입장에서는 솔직한 욕심일 것이다. 그 욕심을 채워줄지, 지나칠지는 전적으로 그녀의 선택이다.

참 오랜 상담이었다. 그녀는 상담 때마다 수십 번씩 그의 마음을 확인하고 싶어 내 눈치를 보며 질문했었다. 그와 아내의 사이가 어떤지, 현재 누굴 더 사랑하는지에 대해서 끊임없이 궁금해했다. 사실 가장 중요한 건 그의 행동이었는데 말이다.

그의 연락만을 애타게 기다렸던 그녀의 마음은 어땠을까를 생각했다. 자신을 사랑한다는 확신이 있었다면 그녀는 내게 상담을 받지도 그의 연락을 고통스럽게 기다리지도 않았을 것이다.

처음과 다르게 소홀했던 그의 행동은 주변 상황들과는 별개로 봐야 한다는 것을, 나는 상담 때마다 강조한 바 있다.

이혼할 용기가 없는 것은 그뿐 아니라 그녀도 마찬가지였다. 만약 그가 아내와 이혼하고 자신에게 온다고 해도 그땐 어쩌면 그녀가 부담을 느끼고 그를 멀리 했을지도 모른다. 지금은 그를 갖고 싶은 마음에 그의 아이에게 친절을 베풀었지만 그것은 사실 위험한 행동이었다. 그녀는 아마도 그가 자신을 떠날 수 없는 이유를 만들고 싶었을지 모른다. 그러나 결국은 그것을 제대로 인정받지 못하고 있다는 마음에 그에게 이별 통보까지 하게 되는 상황이 벌어졌다.

    나는 그녀가 매일 혼자 사막을 걷듯 살지 않았으면 한다. 그는 의사로서 그녀의 몸을 치료해줄 수는 있겠지만 마음을 치유하거나 그녀가 원하는 방식대로 만족감을 느끼게 해 줄 능력은 없기 때문이다.

5

첫사랑의 올가미에 갇힌 여성

◆

 가냘프고 기운 없는 목소리의 그녀가 처음 전화를 해온 그때는 자정이 넘은 시간이었다. 상담 전화를 부재중으로 돌려놓는 것을 깜빡 잊고 잠자리에 들려던 나는 전화를 받았다.
 "안녕하세요. 혹시나 해서 전화 드렸는데 받아주셔서 감사합니다. 제가 이 시간만 되면 우울해서요."
 무척 예의가 바른 말투였다.
 "왜 우울하신지 알고 싶네요. 혹시 남자친구랑 헤어지셨나요?"
 "네, 오래전에 헤어졌어요. 20년 전에……."
 내 귀를 의심했다. 2년도 아닌 20년 전 헤어진 남자를 말하고 있는 그녀는 긴 세월 동안 다른 사람을 일절 만나지 않았거나, 만났다 해도 지금까지 잊지 못한 것이다. 그녀는 마치 내 마음을 읽었다는 듯 이어서 설명했다.
 "다시 만날 일이 없다는 걸 저도 잘 알아요. 그래도 완전한 포기는 안 되어서요."

"그동안 어떻게 지내신 거예요? 상대에게 연락한 적 없어요?"
"네, 전혀요."

그녀의 이야기가 궁금했다. 그녀가 잊지 못하고 있는 남자는 어떤 사람이었는지, 두 사람은 무슨 이유로 헤어졌는지 말이다.

20대 중반에 떠난 미국 여행에서 자신처럼 혼자 여행을 온 다섯 살 연상이었던 그와 운명처럼 만났다. 그때 작은 도움을 주게 되면서 급속도로 친해지게 되고 귀국 후에도 자주 연락하며 지내던 중 연인이 되었다고 털어놨다.

그녀는 아침마다 모닝콜을 해주고 그가 먹고 싶어 하는 음식이 있으면 손수 도시락을 싸서 남자가 일하는 회사로 가져다주었다. 그렇게 교제한 지 1년 만에 결혼을 약속했다.

그녀를 부모님께 소개하기로 한 날이 다가왔다. 화려한 옷차림새에 교양미가 느껴지는 그의 어머니는 예의바르고 싹싹한 그녀의 첫인상을 보고 무척 마음에 들어 했다고 한다.

몇 번의 만남 끝에 혼담이 오가고 결혼날짜를 정했다. 그런데 그녀가 한 가지 마음에 걸리는 점이 있었다. 그의 집안이 자신의 집에 비해 경제적 수준이 너무 높았기 때문이다. 그래도 그녀는 부잣집으로 시집을 갈 수 있다는 게 내심 좋았다고 한다.

그러던 어느 날부터 그가 연락에 소홀하기 시작했다. 데이트 약속도 자주 취소하고 말투도 다정하지 않았다. 도무지 이해할 수 없어 답답했던 그녀는 어느 날 용기를 내어 물었다.

"오빠 요즘 나한테 왜 그래? 이유를 알고 싶어."

한참을 침묵으로 일관했던 그의 말은 충격적이었다.

"사실은 나 선봤어."

그의 대답에 놀란 그녀는 아무 말도 하지 못했고 남자 역시 그 어떤 변명도 하지 않았다고 한다.

나는 타로 카드를 열었다. 그의 마음 이전에 남자 모친의 당시 마음이 궁금했다. 결혼을 약속한 상태에서 다른 여자와 선을 본 거라면 그의 부모님 영향이 있을 수 있기 때문이다. 과거 자리에 나타난 그의 모친 마음에는 계산하고 저울질하는 카드가 나왔다. 그녀와 관련된 무언가가 결혼을 무산시킬 만큼 강력하게 느껴졌다.

"혹시 남자에게 말하지 않았던 게 있나요?"

"사실은 저희 부모님이 제가 중학교 때 이혼하셨어요. 아니 그냥 엄마가 집을 나가신 거죠. 오빠 부모님께 인사드린 지 한 달쯤 지나서 그 사실을 솔직하게 이야기했어요."

"그때 오빠의 반응은 어땠어요?"

"많이 놀란 눈치였어요. 한동안 말이 없다가 저를 위로하고 다독여주긴 했는데 뭔가 찝찝했어요. 그래서 선봤다는 말을 들었을 때 충격이긴 했지만 왜 그랬는지 바로 감이 잡혔어요."

그녀는 화가 났지만 캐묻지 않았고 남자는 마지막에 이렇게 말했다고 한다.

"아무리 생각해도 결혼은 아닌 것 같아. 정말 미안해. 선본 여자와는 어떻게 될지 나도 모르겠지만 너와 다시 만나긴 힘들 것 같아."

그렇게 관계는 끝이 나고 그 이후로 다시는 그를 만나지 못했다.

"다시 그때로 돌아간다면 그 남자를 잡을 건가요?"

나는 물었다.

"못 잡고 그냥 보낸 게 후회로 남아 있긴 해요. 워낙 그 사람이 단호하게 말해서 아마 상황을 돌이켜도 잡지는 못했을 거예요."

"잡을 필요 없어요."

"그래요?"

"잡을 엄두가 안 나셨겠지만 잡을 필요성도 없는 사람인 것 같단 말씀이에요."

"그게 무슨 뜻이에요?"

"진정성이 안 느껴져요. 그분의 집이 경제적으로 잘 산다는 건 어떻게 아신 건가요? 집에 가보셨나요?"

"아니요. 집엔 가보지 않았어요. 자기가 그렇게 얘기하기에……."

과거 자리에 나온 그의 주변 상황은 그녀가 생각하는 것과 전혀 달라 보였다. 오히려 반대였다.

"부잣집에 시집갈 수 있어서 내심 좋았다고 하셨죠? 카드 그림으로 봐서는 그분 집안이 전혀 부자로 보이지 않아요."

"그럼 절 속였다는 말씀인가요?"

그는 미국으로 여행 온 그녀가 경제적으로 부유한 집안일 거라 생각했던 것 같다.

"제 느낌과 타로 해석 내용을 그대로 말씀드리자면, 그분은 선생님께 경제적으로 의지하려 했던 것으로 보여요. 그리고 엄마에 대한 의존 성향이 강해서 무조건 순종하는 분이신 듯해요. 흔히들 마마보이라고 부르죠. 선생님께 부모님이 반대하는 이유를 말하긴 어려웠을 거예요. 그래서 단순하게 결론만 말한 거죠."

그녀는 혼란스러웠는지 10분 후에 다시 걸겠다며 전화를 끊었지만 그날은 전화가 다시 걸려오지 않았다.

3일쯤 지나 그녀가 다시 상담 요청을 했다.

"그날 다시 전화 못 드려서 죄송해요. 그동안 생각이 복잡했어요. 오늘은 연애 상담 말고 금전에 관한 운을 보고 싶어요. 급히 볼 게 있어서요."

"네, 말씀해보세요."

"제가 아이들 과외 선생인데요, 수입이 점점 줄어들고 있어서 불안한데 언제쯤 많이 벌 수 있을까요?"

"수입 자체는 지금도 꽤 좋은 걸로 카드에는 나오네요? 지금 수입이 성에 안 차시는 것 같은데, 그렇다고 빚이 있으신 것 같지는 않고."

"네, 다른 과외 선생들에 비해 잘 벌어요. 그런데 고정적으로 나가는 돈이 있어서요."

"지금보다 더 많이 벌게 되는 쪽으론 안 나오네요. 올해 안으로는 현상 유지 정도로 보여요."

"그럼 안 되는데 큰일이네요."

"어떤 지출인지 여쭤봐도 될까요?"

"저 사실 한 달에 200만 원 정도를 매달 송금하고 있어요."

"그렇게 큰돈을 누구에게 매달 보내세요?"

"사실은 저희 엄마한테 보내고 있어요."

"엄마와 연락하고 계셨던 거예요?"

"아뇨, 그게……."

사춘기 시절 자신을 두고 집을 나갔다던 엄마를 10년 전 처음 만나게 되었다고 했다. 엄마는 재혼해서 딸을 둔 상태였고 아이의 아버지와는 헤어진 상황이었다. 그런 엄마가 그녀에게 도움을 청해왔다는 것이다. 그녀는 이제 와서 자신을 필요로 하는 엄마가 원망스러웠지만 모른 척할 수 없었다고 한다. 그때부터 10년 동안 한 달도 거르지 않고 생활비를 보냈다는 것이다.

"그럼 돈을 보내는 동안 엄마와 자주 만나셨나요?"

"아니요. 그날 이후로 한 번도 만나지 않았어요. 전화통화도 안 했고요."

나는 그녀의 말에 머리가 지끈거렸다. 10년 동안이나 엄마와 그 어떤 대화도 없이 계좌번호로 송금만 해온 그녀는 대체 어떤 마음이었던 걸까.

"선생님의 심리를 어떻게 풀어가야 할지 조금 난감하네요. 하지만 이건 꼭 여쭤보고 싶어요. 혹시 엄마에게 복수심이 있나요?"

"네? 제가요?"

"엄마를 순수하게 도와주고 싶은 마음으로 돈을 보내시는 것 같지 않아서 묻는 거예요."

"……."

한참이나 정적이 흘렀다. 그녀의 심리 카드를 아무리 훑어봐도 엄마에 대한 연민의 마음이 나타나지 않았다. 나는 카드를 보며 잠자코 그녀의 대답을 기다렸다.

"사실 보내고 싶지 않아요. 제가 힘들게 번 돈을 그 여자한테 보내는 거 아까워요. 그런데 저 포기 못해요."

"뭘 포기 못하시는 거예요? 송금이요, 아님 복수하려는 마음이요?"

"복수는 아니고요……. 아무튼 전 무슨 일이 있어도 생활비를 보내야 돼요."

그녀의 의지는 결연해 보였다. 악착같이 돈을 송금하는 딸에게 안부전화 한 통 없는 그녀의 어머니 마음 역시 어떻게 봐야 할지 난감했다.

"아까운 마음이 있는데도 반드시 보내야 한다면 잘 생각해보세요. 왜 그 돈을 보내고 싶은지에 대해서요."

그렇게 일주일이 흘렀다. 그녀의 목소리는 불안하고 혼란스러워 보였다.

"아무리 생각해도 잘 모르겠어요. 그리고 상담받고부터 왜 이렇게 화가 나는지 모르겠어요. 저 왜 그럴까요?"

"아무리 생각해도 복수심은 아닌 것 같아요?"

"사실 그걸 잘 모르겠어요. 그래서 오늘은 제 마음 상태에 대해서 자세히 보려고요."

오랫동안 카드를 섞었다. 그리고 천천히 그녀의 마음카드를 뽑았다.

"혹시 예전에 만난 남자와 헤어진 원인이 엄마 때문이라고 생각하세요?"

"네, 엄마가 있었더라면 오빠와 예정대로 결혼하지 않았을까요? 엄마가 집을 나간 후로 집이 엉망이 되어버렸고 제 인생도 마찬가지고요."

"정말 그렇게 믿고 계세요? 지난번 상담 때 제가 말씀드린 거 기억나세요? 예전에 만났던 남자분은 선생님이 알고 있는 조건이 아닐 수 있다고요. 엄마랑 상관없이 깨질 수 있는 요건들이 많아요."

"설사 그렇더라도 엄마가 집을 나가면서 모든 게 꼬여버린 건 맞는 거 같아요."

"네, 그렇게 여기셔도 이상한 일은 아니죠. 선생님의 아버지는 엄마가 집을 나가신 후 어떠셨나요?"

"사실 아빠가 제일 불쌍해요. 매일 술로 보내셨어요. 아빠는 늘 저한테 네 인생이 잘 안 풀리는 건 다 엄마 때문이라고 하셨어요. 지금도 술만 드셨다 하면 꼭 그 소릴 하세요."

"이런 말씀드리면 어떠실지 모르지만, 선생님은 아버지에게 받은 영향이 더 커 보여요."

"그건 왜죠? 아버지도 엄마 때문에 힘들어서 그러신 거고 피해자인데요."

"왜 본인 마음보다 아버지 마음을 더 생각하세요?"

"불쌍하니까요."

"분명한 이유는 모르겠지만 어머니가 집을 나가신 건 선생님 때문이 아니에요. 아버지의 잘못된 행동들 때문에 어머니가 집을 나가신 원인이 클 거란 말이죠. 그런데 왜 아버지만 불쌍히 여기는 거죠? 아내가 집을 나갔어도 아버지는 딸을 보호해야 할 의무가 있잖아요."

나는 이어서 말했다.

"그리고 지금 카드 속에서 돈과 관련한 그림이 반복적으로 나오고 있는데 어머니와 남자친구로 연결된 고리를 끊어야 해요. 선생님은 어머니와 예전 남자친구 분을 동일시하고 있는 것 같아요. 겉으론 못 느끼지만 그 두 사람이 원하는 것이 돈이라는 것을 무의식으론 알고 계시는 듯해요. 그래서 돈을 많이 벌면 선생님이 도움을 주던 안 주던 자존감이 회복될 거라 믿는 거죠."

"전 어떻게 해야 될까요? 한숨만 나오네요. 저도 벗어나고 싶은데 가능할까요?"

"네, 고리를 끊겠다는 결단이 있으면 가능해요. 그럴 마음이 있으세요?"

"노력해야죠."

그녀와의 상담은 쉽지 않았다. 이날의 상담은 무려 3시간 동안 이어졌다. 오래 묵혀둔 감정과 복잡한 기억의 실타래를 풀어내기 위해서는 주기적인 상담이 필요하지만 그 전에 조금이라도 빨리 그녀가 어머니에게 돈을 보내는 일은 그만두길 바랐다.

"카드를 보니 어머니는 이제까지 보내드린 생활비 잘 쓰시고 계신 듯해요. 그런데 선생님은 뿌듯하지 않으시죠?"

"네."

"그렇죠. 잘 쓰시라고 보내드린 돈이 아니니까요. 선생님의 계획은 도움을 줬다가 빼앗는 거였어요. 맞는 것 같나요?"

그녀는 흐느껴 울기 시작했다. 나는 계속 말했다.

"어머니에 대한 미운 감정은 돈으로 지배한다고 해서 풀리지 않아요. 말로 푸셨어야 해요. 그때 왜 무책임하게 나를 두고 갔느냐고, 왜 그동안 연락 한번 없었냐고 따져야죠. 10년 동안 돈을 보내줄 게 아니고요."

그녀는 그 당시 엄마에게 화를 내면 그 자리에서 일어나 가버릴 것 같았다고 했다. 또 버림받는 기분이 들까 봐 분노를 억누른 것이다.

그녀는 감정을 토해내는 대신 자신을 평생 동안 없으면 안 되는 존재로 만들고 싶었다. 카드에서 나온 복수의 의미는, 엄마에게 오랫동안 도움을 준 뒤 어느 날 갑자기 그 도움을 끊어버리는 거였다. 엄마가 갑자기 자신을 떠났을 때처럼 말이다. 그것이 가장 적절한 복수라 여겼던 것이다.

"남자친구는 어떻게 하고 싶으세요? 계속 기다리실 거예요?"
"안 돌아오겠죠?"
"네. 95%는 안 돌아와요. 만약에 나머지 5%의 확률로 돌아온다면 어떨 것 같으세요?"
"글쎄요……. 마음이 복잡할 것 같아요."
"생각보다 별로일 것 같지 않아요? 겨우 이거였나 싶은. 아직도 본인이 부족해서 남자친구가 떠난 거라 생각하세요?"
"……."

그녀가 고통스러웠던 가장 큰 이유는 일차적으로 어머니가 자신을 짐으로 여겨 떠나버렸을 거란 추측 때문이었다. 세상에 그 누구도 믿을 수 없게 된 결정적 사건이었다. 시간이 흘러 처음으로 사랑하게 된 남자만큼은 자신을 떠났던 엄마처럼 상처 주지 않을 거라 생각했다. 그런데 그 역시 일방적으로 그녀를 떠났다. 세상에서 제일 믿고 의지했던 두 사람이 홀연히 사라지는 경험을 한 뒤 그녀는 자책했다. 만약 엄마가 있고 집안 환경이 좋았더라면 그가 떠날 일은 없었을 거라 생각했다.

"제가 그 남자를 잊을 수 있을까요?"

"그건 저도 모르겠어요. 아마 잘 안 될 거예요. 어쩌면 평생을 못 잊을지도 몰라요. 그런데 그 사람에 대해 가지셨던 환상은 깰 수 있고 깨야만 해요. 그분이 평범한 남자로 보일 때 까지요. 하실 수 있겠어요?"

"네, 노력해볼게요."

"바라시던 금전 운은 지금도 너무 좋아요. 매달 보내시는 돈만 줄이시면요. 엄마한테 더 이상 돈을 보내지 않기로 한 날 전화를 하세요. 더는 못 보내겠다고 하시고 10년 동안 생활비를 보냈으니 그동안 하고 싶었던 말을 당당하게 다 쏟아내세요. 잘 됐네요. 감정도 해소하고 그동안 미뤄둔 복수도 하시면 되겠네요."

"알겠습니다. 너무 감사해요."

"어머니와 전화 끊고 나면 엄청 눈물이 날 거예요. 그때 참지 말고 우셔야 해요. 아시겠죠?"

"네. 안 참을게요."

그녀와의 상담을 끝내고 며칠 동안 몸살을 앓았다. 상담 내용을 떠올릴 때마다 무모하고 미련했던 그녀가 안쓰러우면서도 화가 났다.

너무도 운이 없었다. 어머니가 떠난 뒤, 그녀의 아버지는 이기적으로 그녀를 세뇌시켰다. 아내가 없으면 아버지인 자신이 딸을 살피고 보듬어야 하는데 혼자 아이를 돌보는 것이 겁나고 싫었던 것이다.

'나는 너를 돌볼 여력이 없으니 네 인생이 잘못돼도 그건 내 탓이 아닌 네 엄마 탓이다. 그러니 나를 원망 마라.'

그렇게 무책임함을 아내 탓으로 돌리고 나약한 모습을 보여 딸이 오히려 자신의 보호자 역할을 하게끔 유도하려는 심리가 발동했던 것으로 보인다. 그녀는 자신을 두고 떠난 엄마, 그리고 자신을 세뇌시키고 방치한 아버지에게까지 이중 피해를 입었다.

그 과정에서 그녀는 스스로를 사랑받을 자격이 없는 존재로 여겼고 자신을 유일하게 사랑해준다고 믿었던 남자친구까지 떠나버리자 그녀와 얽힌 모든 관계를 거세하는 것으로 자신을 벌하려 했다.

부모가 준 상처를 다가온 인연을 통해 보상받고 싶어 한 그녀의 심리는 충분히 이해되고도 남는다. 인간은 친밀한 관계를 통해서 속 상처를 치유하고 싶어 하기 때문이다. 자신에게 어깨를 내어줄 사람이라는 신뢰가 형성되면 그를 위해 기꺼이 헌신하려 한다.

그녀는 남자친구를 전혀 의심하지 않았다. 기억 속 남자는 20년이 흘렀지만 여전히 부유한 집안의 대단하고 귀한 남자로 남아 있었던 것이다.

그녀는 상담을 받는 동안 화를 참기 힘든 듯했다. 자주 화가 나는 건 자연스럽고 바람직한 현상이다. 어머니와 첫사랑이 가져다준 고통이 자기 탓이 아님을 깨닫게 되면서 억울한 마음이 든 것이다.

앞으로 다른 남자들이 그녀의 눈에 보이기 시작하겠지만, 동시에 깊이 각인된 상처가 당분간 연애를 주저하게 만들 수도 있다. 바라는 게 있다면 사람에 대한 보상이나 기대를 버리고, 있는 그대로 상대를 받아들였으면 한다. 천천히 그리고 자연스럽게. 그녀는 아직 젊고, 살아갈 날은 길고, 인생은 누구에게나 아름다울 수 있으니까.

6

히스테리 미녀의 고민

♦

"대체 남자들은 하나같이 왜 그럴까요?"

표면적으로는 어디 하나 빠지는 것이 없는데 연애가 잘 되지 않아 매번 좌절하는 여성들이 있다. 그들이 연애에 소극적인 것도 아니다. 남자가 다가오면 적극적으로 상대를 알아볼 의지가 강하다.

나에게 한 달에 몇 차례씩 찾아오던 그녀도 그랬다. 베이커리를 운영하고 예쁘장한 얼굴에 세련된 패션 감각을 자랑하는 그녀는 한눈에 봐도 인기가 많을 것 같은 인상을 준다. 새침한 표정을 하고 있지만 호탕하게 잘 웃고 성격은 시원시원했다. 그런 그녀에게 관심을 보이는 남성들도 많지만 늘 그 순간뿐이라고 했다.

1년이 넘도록 그녀의 고민을 상담해오면서 그녀가 스스로에 대해 잘 모르는 부분이 있다는 생각을 하게 된 순간들이 있었다.

"제 주변 사람들이 다 그래요. '넌 대체 뭐가 부족해서 연애를 못하느냐'고요. 어릴 때부터 예쁘다는 소리도 많이 들었고 스무 살 넘어서부터는 남자들이 대시도 많이 했었는데 삼십 가까이 되니까 나이 때문인지 대시를 했다가도 돌아가더라고요."

"예쁘니까 남자들이 대시를 했겠죠? 그런데 지금도 예쁘시잖아요. 예전엔 교제가 잘 됐었나요?"

"아뇨. 그땐 제가 어지간한 남자들은 차단해서 교제 자체가 안 됐죠."

"그럼 한 명도 사귄 적 없어요?"

"한 명 있었어요. 그게 벌써 3년 전인데 정말 완벽한 사람이었어요. 저한테 참 잘했는데. 그땐 세상 모든 남자가 그런 줄로만 알았어요."

"아주 자상한 사람이었나 보네요. 혹시 그 남자와 똑같은 조건의 사람을 찾고 있는 건 아니죠?"

"네, 지금은 제가 궁핍해서. 옛날 애인은 집안도 좋고 학벌도 저보다 좋았고 얼굴도 잘생겼고 돈도 잘 벌었어요. 이젠 조건은 많이 안 따져요. 외모는 보지만요."

"그래요? 그 정도면 눈높이를 많이 낮춘 것 같은데 왜 남자들이 정착을 못하고 가버릴까요?"

"제 말이 그 말이에요."

연애를 시작하려 할 때 남자 입장에서 그녀가 어떤 인물로 보이는지 카드를 뽑아 분석해봤다. 타로에는 날카로운 검이 자주 등장했고 인물 성향 카드에서는 검을 든 여왕이 나왔다. 그녀가 이해할 수 있도록 그림 속 인물 성향의 말과 행동에 대해 자세히 설명해주었다. 그녀는 카드에 나타난 인물이 자신과 비슷한 것 같다고 했다.

"평소 남자들을 대할 때 거침없는 편인가요?"

"네, 제가 여장부 스타일이라 남자를 리드하는 면이 좀 있어요."

"그걸 좋아하는 남자들도 많을 것 같아요. 얼굴은 참하고 예쁜데 의외성이 있으니 반전매력을 느낄 거예요."

"그런데 왜 다 도망가는 걸까요?"

"음……, 무서워서?"

"네에? 제가요?"

"네, 무섭다는 표현이 좀 이상하게 들리겠지만 그게 제일 적합한 표현일 것 같아요."

"뭐가 무서운 걸까요?"

"카드 속 여왕이 들고 있는 칼이 뭘 의미할 것 같으세요?"

"글쎄요, 아까 그 여왕이 좀 직설적이라고 말씀하신 거 같은데."

"맞아요. 처음엔 그 모습에 매료되지만 남자들 입장에선 인영 씨의 말이 칼처럼 느껴지는 거죠."

"그건 저도 인정해요. 그런데 제가 만난 남자들 하는 짓이 너무 등신 같았어요."

그녀는 진심으로 답답해하는 듯했다. 상대를 알아가는 초반에는 나름대로 부드럽게 대했는데 남자가 애매모호한 태도를 취하거나 자신감 없는 모습을 보일 때 자기도 모르게 말투가 매서워진다고 했다.

"구체적으로 어떤 모습을 보면 화가 나세요?"

"저한테 관심을 보여 놓고 연락을 잘 안 하거나, 어디를 같이 갔는데 길을 헤맬 때 너무 짜증나요."

"남자가 길을 헤매는 게 왜 그렇게 짜증이 나요?"

"어머, 선생님은 짜증이 안 나세요? 아니 길도 못 찾으면서 어떻게 여자랑 데이트를 할 생각을 해요?"

"그럴 때 짜증나는 기분을 겉으로 드러내시는 편인가요?"

"막 기분 나쁘게는 안 하지만 좀 뭐라고 하긴 하죠."

나는 이 상담에서 그녀가 남자와 오래가지 못하는 이유를 알 수 있었다.

그녀처럼 권위적인 여왕 성향을 가진 여성들이라고 해서 연애를 못하지는 않는다. 여왕 특유의 모성본능을 발휘해 남자를 감싸주며 이끌어주는 경우도 많기 때문이다. 다만 가족 중에 유난히 나를 지배하려 드는 구성원이 있거나 혹은 형제나 자매에게 비교를 당하며 자란 사람들은 남녀를 막론하고 연인의 실수를 너그럽게 봐주지 않는 면이 있다. 자신이 당한 것을 자신의 옛 모습과 비슷한 누군가에게 무의식적으로 되돌려주려 하는 것이다.

그녀의 성장 배경 역시 공부 잘하는 언니, 오빠들과 비교 당하며 자란 뼈아픈 상처가 있다는 것을 상담해 알게 되었다. 이럴 경우, 연애 관계에서 여왕 대접을 받는 것이 목표로 설정되기 쉽다. 어릴 때 왕자나 공주가 되어보지 못한 마음의 한을 풀기 위해서 말이다.

"솔직히 말씀드려서 인영 씨는 애인을 구하고 싶은 건지, 머슴을 구하려는 건지 조금 헷갈려요."

"제 인생에 똑똑하면서 착한 남자는 없는 걸까요?"

"똑똑한 남자가 과연 머슴이 되어줄까요?"

"……."

"매사에 눈치 빠르고 총명한 사람이 비위까지 잘 맞춰주기는 좀 힘들지 않겠어요? 거기다 인영 씨는 외모도 본다면서요."

"그렇죠."

"이게 참 어려운 문제이긴 해요. 어쩌겠어요. 인영 씨가 남자 보는 기준을 조금 바꿔야죠."

"사실 제 맘에 드는 남자들이 몇 명 있긴 해요. 다들 잘생긴 건 아닌데 저한테 관심을 보이는 것 같아서 저도 예의주시하고 있거든요. 그런데 다들 진전이 없어서 답답해요."

"먼저 다가가는 건 생각 안 해보셨어요?"

"네, 그렇게 하긴 싫어요."

"잘생기지 않아서?"

"네, 제가 지켜보고 있는 남자가 총 세 명인데 한 명 빼고 다 착해 보이거든요. 그래서 만약에 누구 한 명이라도 다가오면 만나볼 의향이 있어요. 그런데 제 스타일도 아닌데 제가 먼저 다가간다는 건 좀 그렇지 않나요?"

그녀가 지켜보고 있다는 세 남자와의 미래 상황을 타로로 각각 예측해봤지만 강한 연결성이 보이는 남자는 없었다.

한 달 뒤, 그녀는 새로운 남자 후보 리스트를 뽑아왔다. 열두 명의 나이와 직업이 차례대로 메모되어 있었다.

"이 남자들은 다 어디서 알게 된 거예요?"

"솔로들끼리 저녁 먹는 동호회랑 영화 동호회에서 알게 된 남자들이에요. 누가 괜찮을지 한 명씩 다 봐주세요."

"인영 씨, 이 많은 남자들과 잘 될지 안 될지 보는 건 별 의미가 없어요."

"왜요?"

"그 어떤 연결고리도 없이 너무 막연하잖아요. 이건 지나가는 행인하고 궁합을 보는 거나 마찬가지예요. 예를 들어, 이 중 누군가가 괜찮아 보여서 인영 씨가 먼저 말을 걸었는데 그 사람은 나를 어떻게 생각하는지 궁금하다거나 아님 반대로 나한테 눈길을 준 사람이 있는데 나도 왠지 관심이 가는 상황이라든지. 그럴 때 봐야죠. 뭔가 조그만 스토리라도 만들어보세요."

그녀는 지나치게 전투적인 자세로 연애 대상을 물색하고 있었다. 사람들과 자연스럽게 어울리면서 자신에게 맞는 사람을 찾는 '관계의 과정' 자체를 생략한 것이다. 가능한 빨리 똑똑하고 잘생긴 남자가 나타나 자신에게 대시해주기만을 바라고 있었다.

이날은 열두 명의 남자들과 관련한 타로를 보지 않고 심리상담만 한 뒤 그녀를 돌려보냈다.

그렇게 돌아간 그녀는 5개월 동안 소식이 없다가 남자친구와 애정 운을 보고 싶다며 전화를 걸어왔다.

"선생님, 그동안 연애하느라 바빠서 연락을 못 드렸어요."

"반가운 소식인데요? 지금 애인은 예전에 저한테 가져오신 목록에 없던 사람이죠?"

"네, 그땐 제가 좀 터무니없었던 것 같아요. 어떤 남자를 골라야 할지 몰라서 본의 아니게 선생님한테도 불편을 끼쳤어요."

"그런 뜻으로 물어본 건 아니에요. 그런데 그 당시엔 인영 씨가 너무 조급해 보여서 저도 난감했던 건 맞아요. 그동안 변화가 좀 있었나요?"

"마지막 상담했을 때 저한테 문제가 있는 것 같아서 한동안 생각할 시간을 가졌어요. 그러던 중에 제일 친한 친구랑 사소한 문제로 다퉜는데 제 성격에 대해서 지적을 받았어요. 저한테 말투가 너무 공격적이고 상대방 자존심을 건드리는 면이 있다고, 그래서 남자들도 혹했다가 도망가는 거라고 하더라고요."

"좀 미안한 말이지만 참 좋은 친구를 뒀네요. 그런 말을 해주는 친구는 잘 없어요. 보통은 참고 멀리하거나 연락을 끊어버리거든요. 저한테 10번 타로 보는 것보다 그 친구 한마디가 인영 씨한테 영향력이 컸겠네요."

"좀 충격이긴 했어요. 저는 여태까지 바른말만 한다고 생각했거든요."

"원래 바른말을 할 때 상처주기 쉬워요. 그런데 또 바른말이라 생각했는데 틀린 말일 수도 있거든요."

그녀는 혼자만의 시간을 가진 뒤, 맞선을 본 남성과 결혼을 전제로 만나고 있다. 비교적 무난하게 연애를 이어가던 중이었고 남자친구와 여행을 가던 중 휴게소에서 현금 30만 원이 든 지갑을 잃어버린 사건이 발생했다고 한다. 그가 자신의 지갑을 어딘가에 두고 챙기지 않은 것이다. 그녀는 화를 참지 못하고 사람들이 많은 곳에서 큰소리로 남자친구를 비난했다고 한다.

"그때 뭐라고 하셨는데요?"

"그땐 제가 이성을 잃어서 막말을 했어요. 가뜩이나 돈도 없는 사람이 지갑을 잃어버리면 어떻게 하냐고요."

"뼈를 후려쳤군요."

"네, 이번엔 제가 잘못한 거 알아요. 말하자마자 후회했어요."

"사과는 했어요?"

"바로는 아니고 집에 가서, 말 심하게 한 거 미안하다고 톡을 보냈는데 답장이 없어요."

"그럼 연락이 올지 카드 뽑아볼게요."

타로 결과를 기다리는 동안 그녀가 연신 물을 마시는 소리가 들렸다.

"애인이 충격을 받긴 했네요. 그 당시에 그 말에 대해 대꾸하진 않았죠?"

"네, 그래서 제가 더 난처했어요."

"그분은 싸우는 분이 아니에요. 몇 번 참다가 계속 반복되면 말없이 돌아서는 성향으로 보여요."

"그게 더 안 좋은 거 아닌가요?"

"안 좋죠. 그런데 앞에서 같이 받아친다고 생각해보세요. 그렇게 되면 인영 씨 성격에 가만히 듣고만 있었겠어요? 제가 볼 땐 인영 씨가 먼저 바뀌어야 할 문제지, 그 사람이 개선될 문제는 아니에요. 그분은 인영 씨가 한 번 실수했다고 떠나진 않았을 거예요."

"그럼 지금 단순히 화난 게 아니라 관계를 끝낸 거예요?"

"아마도요. 애인은 순하면서도 자존심이 강한 사람이에요. 지갑을 잃어버린 일에 대해서 그냥 짜증만 내셨으면 이런 상황까진 안 왔을지도 몰라요."

 "사실 돈 없어도 사람 착한 거 하나 보고 만난 거거든요. 제가 잘못하긴 했지만 해명할 기회도 안 주고 이렇게 끝내는 건 너무한 거 아닌가요?"

 "글쎄요, 오해의 여지가 있는 일이라면 해명이 필요하겠지만 그 일은 그냥 벌어진 일이잖아요? 인영 씨의 본심이 나온 거라 그분은 대화할 필요성을 못 느끼는 거죠."

 "아무리 그래도 결혼 얘기까지 오고 간 사이인데 어떻게 이렇게 쉽게 끝내죠?"

 "결혼 생각이 있었기 때문에 더 빨리 결단을 내린 걸 수 있죠. 평생 상처받고 싶진 않으니까요."

 그녀는 자신의 잘못을 인지하면서도 애인이 자신을 쉽게 떠났다는 사실을 납득하기 어려워했다. 이것은 자신을 있는 그대로 받아주길 바라는 유아적 사고에 기인한다. 권위적인 부모의 모습을 그대로 가져와 애인을 군림하려 하면서도 한편으론 자신의 투정을 받아주지 않았던 부모의 역할을 애인에게 바라는 것이다. 애인이 실수를 저질렀을 때는 걸핏하면 무시하는 말로 상처를 주던 그녀의 언니 모습을 가져오기도 했다. 그녀는 심리학적인 도움이 필요해 보였다.

오랜 기간 심리를 공부하면서 '신경증'에 대해 알게 되었다. 다른 용어로는 히스테리 성격장애로도 불린다. 신경증을 갖고 있는 사람들은 타인에게 주목받길 원하고 감정표현이 과하다는 특징이 있다. 늘 주인공을 꿈꾸고 감정을 컨트롤하지 못하는 것은 불안의 또 다른 증상이라고 한다.

10년 가까이 만난 내담자들 중에 신경증이 나타나는 사람들은 주로 여성들이었다. 그녀들은 실제 자기 모습보다 몇 배로 자신을 치켜세우곤 했다. 자신의 생각이나 의견을 재차 강조하고 그리 특별하지 않은 상황도 자세하고 장황하게 묘사한다.

그녀가 성장기에 무시를 받으며 느낀 수치심, 그로 인해 서러웠던 내면의 어린 자신을 제대로 만나보지 않고서는 지금과 같은 연애 패턴은 변화되기 어렵다.

얼마 전 그녀는 애인에게 진심어린 사과의 메시지를 보냈지만 답장을 받지 못했다는 소식을 전해왔다. 나는 그녀에게 한동안 연애 관련한 타로는 보지 않을 것과 새로운 남자를 찾아나서는 것 또한 잠시 쉴 것을 권했다.

7

처음 만난 날
같이 잤는데
연락이 없어요

◆

　자신은 원나잇이 아닌데 남자의 잠수로 인해 하룻밤의 쾌락으로 끝나버린 상황을 겪은 여성들의 상담 요청은 어제 오늘의 일이 아니다.
　이런 고민으로 상담을 받는 여성들은 대부분 정서적인 결핍이 있다. 너무 외롭고 공허해서 누군가를 천천히 알아갈 여유가 없고 차근차근 알아간다는 생각을 하면 가슴이 답답해진다. 어떻게든 공허함을 채워야만 숨 쉴 수 있을 것 같은 조급함에 관계를 급히 진전시키려 한다. 밀당만 하다가 상대에게 차일 수 있다는 불안정한 심리가 기저에 깔려 있는 것이다. 이런 내담자들의 경우 상대의 마음을 얻기 위해 남자들의 요구를 너무 쉽게 수용하고 만다.
　처음 만나서 밥을 먹고 차를 마신 뒤 일단 그대로 헤어질 수만 있다면 좋겠지만 빨리 친해져야 하는 여성들은 시계를 보지 않는다. 잘 마시지도 못하는 술을 함께 마시며 머릿속은 온통이 남자가 나를 마음에 들어 하는지, 계속 나와 연락하며 지낼 것인지에 대한 궁금증으로 꽉 차 있다. 늦은 시각, 꼭 모텔에 가지 않더라도 자신과 밤새도록 함께 있고 싶어 했으면 좋겠다는 마음이 생긴다. 그러면서 점점 불안해진다. '이 남자에게서 사랑받지 못하면 날 사랑해줄 남자를 또 어디서 찾아야 할까?'라는 생각으로 말이다.

며칠 전 20대 후반의 내담자 S는 나에게 급히 상담을 요청했다.

"왜 남자들은 저랑 잠을 자기만 하면 잠수를 탈까요?"

목소리만 들어도 S의 얼굴이 벌겋게 달아올라 있는 것이 보였다.

"혹시 그 남자가 콘돔은 썼나요?"

나의 기습적인 질문에 S는 잠시 당황하는 듯했지만 요점만을 명확하게 말했다.

"썼어요. 외모도 딱 제 스타일인 데다 돈도 잘 쓰고 섹스도 못하는 편은 아니었어요."

"그러면 됐어요."

"네에?"

"그 정도면 된 거라고요. 피임도 했고 잘 즐겼으면 됐어요."

"아니, 전 그 남자와 사귀고 싶어서 잔 거였는데······."

"진짜 사귈 생각이면 그 남자는 같이 있자고 안 했을 거예요.

그리고 나라면, 잠자리만 할 여자와 진지하게 대할 여자를 구분하는 남자와 사귀고 싶단 생각은 안 들 것 같은데요."

"그때는 진짜 사귀는 분위기였어요. '오늘부터 1일 할까?'라고도 했다니까요."

"그 말을 그가 기억이나 할까요? 그래도 피임을 했으니 최소한의 개념은 있는 남자네요."

나는 일부러 현실적인 말만 늘어놓았다. S가 느끼고 있는 허무하고 찝찝한 마음은 누군가가 공감해준다고 해서 괜찮아지지 않는다. 이럴 때 어설픈 위로나 공감은 그렇잖아도 버림받았다고 느끼는 내담자에게 더 비참한 기분이 들게 할 수 있다.

이날 타로에서 남자의 성향과 상황을 나타내는 자리에는 온통 가벼운 만남을 추구하는 바람기와 관련된 카드들뿐이었다. 남자는 오랜 기간 동안 만나온 여자친구가 있는 것으로 보였고, 그녀와의 만남은 하룻밤 그 이상도 그 이하도 아니었다. 남자가 보기엔 S도 즐기기 위해 나왔을 거라고 생각했을 가능성이 크다. 어차피 자신은 여자친구가 있으니 심적으로 여유가 있는 상태였고 S가 그다지 맘에 들지 않았지만 자신과 함께 있길 원한다고 느꼈을 수 있다.

"연락이 올까요?"

이걸 다행이라 해야 할지, 안됐다고 해야 할지 말하기 조심스럽지만 타로의 결과는 '희박하다'였다. 남자는 이런 식으로 여러 여성을 만나 즐기고 있는 것으로 해석되었다.

여성들은 남성과 만나서 모텔로 이동하기 전에 어떠한 얘기가 오고갔는지, 일련의 과정들을 잘 잊어버리는 경향이 있다. '남자가 먼저 유혹했고, 나는 정식으로 교제할 생각으로 같이 잤는데 다음 날 남자가 돌변했다.'라는 사실만 기억하는 것이다.

어떤 말과 행동이 오갔는지는 당시 상황에서 둘만 알 수 있고 각자의 기억이 다르기 때문에 타로를 볼 때, 남녀의 입장 차이를 해석해내기까지의 과정이 쉽지 않다. 정말 사귀기로 하고 동침을 한 것인지, 그냥 분위기에 휩쓸려 암묵적 동의하에 함께 있게 된 건지 명확하지 않으면 여자는 자신이 피해자라는 생각에 매몰되어 카드를 뽑거나 질문을 던지게 되고 그 생각이 타로 결과에 영향을 주게 된다.

유명 남자 연예인이 일반 여성들에게 뒤늦게 성추행, 성폭행 혐의로 고소를 당하는 사례가 빈번한 이유도 잘 들여다보면 S의 경우와 조금 연관되는 부분들이 있다. 정말로 강제 성관계인 경우도 있을 수 있겠지만, 내담자들과 상담을 해보면 모텔에 들어갈 때와 나올 때가 달랐던 남자의 모습에 분노해서 복수의 화신이 된 경우가 더 많았다. 교제할 마음도 없으면서 교제할 것처럼 뉘앙스를 풍기며 여자의 몸을 탐했다면, 그것은 명백히 상대를 기만한 행동이다. 유명인의 준수한 외모와 매너에 끌린 여자들은 그들의 유혹에 쉽게 빠져들 수 있다.

    그런데 다음 날 아침, 뜨거웠던 밤과 달리 냉랭한 남자의 반응과 연락까지 차단해버리는 행동은 정서적 결핍이 있는 여자들의 자존심을 무너뜨리고 분노를 일으키기에 충분하다. 분노가 점점 거세지고 '나를 가지고 놀았다'는 생각에 압도되어 일상생활이 불가능한 지경에 이르기도 한다.

    일각에서는 돈을 노린 여자들이 처음부터 계획한 일이라고도 하지만, 나는 그렇게 생각하지 않는다. 여자들은 자신이 받은 상처를 어떻게든 돌려주고 싶을 뿐이다. 차라리 서로 합의된 '일회성 만남'이었다면 최소한 소송까지 갈 일은 없었을 것 아닌가.

    관계를 너무 쉽게 생각하는 남자들의 말과 행동은 상대의 삶을 무너뜨릴 수도 있다. 여자들도 조심해야 할 것은 본능적 욕구만을 해소하려는 남자와 사랑받고 싶은 여자가 만났을 때, 그 하룻밤으로 인해 상처받는 쪽은 언제나 여자라는 사실이다.

    나는 S에게 이런 얘기를 거르지 않고 설명해주었다. 고맙게도 S는 내 말을 있는 그대로 수용해주었다. 이후 심리상담을 진행해가며 그녀 내면의 애정결핍으로 형성된 '불안의 뿌리'를 찾아낼 수 있었고 '거짓진심'을 이용해 욕구를 해소하려는 남자들의 공통적이고 특징적인 행동 패턴을 이해할 수 있게 되었다.

최근 만남을 주선하는 어플들이 생겨나면서 타로 상담 고객들도 늘고 있다. 상담이 늘어났다는 것은, 그만큼 쉽게 만나고 헤어지는 이들이 많다는 의미이다.

젊은 남녀가 상대의 프로필을 보고 자신의 취향이라고 여겨지면 그 즉시 만남이 가능한 수많은 어플은 마음의 허기를 '관계의 과정 없이' 충족시키고 싶은 사람들에겐 그야말로 환상적인 매체다. 만남을 진중하게 생각할 필요를 느끼지 못하고, 맞지 않다 싶으면 언제든 연락을 끊어버리면 그만이다.

내담자들의 고민을 듣다보면 육체적 관계를 요구해온 남자들을 만난 곳은 '만남주선 어플'에서란 대답이 많았다.

애정결핍이 있는 내담자들은 남자가 자신과 사귀려는 생각으로 같이 밤을 보내자는 건지, 단순히 쉬운 여자로 생각해서 하룻밤의 관계로 끝내려는 건지 헷갈려 한다. 이런 고민으로 찾아오는 내담자들에게 내가 꼭 해주는 말이 있다.

"여자들은 참 이상하죠. 남자들은 같이 밤을 보내자는 자신들의 요구에 여자들이 거절하면 쉽지 않은 여자로 판단하죠. '아무 남자하고 자지 않는구나' 하면서 신뢰해요. 그런데 여자들은 왜 그런 생각을 안 할까요? 겨우 몇 시간 만나보고 함께 있자는 남자를, 아무 여자하고 자는 쉬운 남자로 판단하지 않는 이유가 뭘까요?"

여성들이 목소리를 높이는 시대에 살고 있지만 아직도 여성들은 연애를 시작할 때 자신을 약자로 생각하고 있다. 또 너무 쉽게 사랑을 운운하며 모텔에 가자고 이끄는 남자들이 과연 여자의 선택에 대해 판단할 자격이 있는지도 의문이다. 이런 현실을 여성들 스스로 인지하고, 남자의 말과 행동을 유심히 살펴보는 습관을 길러야 한다. 그가 나를 평가하기 전에 내가 그를 먼저 살피고 판단하겠다는 생각을 갖게 된다면, 시행착오를 겪을 확률이 크게 줄어듦과 동시에, 혼자 있어도 외롭지 않은 상태로 이성을 찾아 나설 수 있게 된다.

8

과거 결혼 사실을 숨긴 남자를 계속 만나야 할까요?

◆

 결혼 경험이 있지만 과거를 밝히지 않고 연애를 다시 시작하는 사람들을 생각 외로 자주 봐왔다. 만남을 이어가다보면 우연한 계기로 그 사실을 알게 되기도 하지만, 헤어지고 한참 지나서야 연인의 과거 혼인 사실을 알게 되는 어처구니없는 상황도 많았다. 심리타로 내담자들의 의뢰 건수만 따져봐도 결코 적지 않은 수다.
 가까운 지인 중에 사회에서 만나 13년째 친분을 쌓아온 30대 중반의 동생이 있다. B는 여성스러운 외모에 늘 표정이 밝고 애교도 많아 남성들에게 인기가 많다. 그녀가 교제해왔던 남성들은 대부분 다섯 살 이상 많았다. B의 이상형은 '포근한 느낌을 주는 자상한 오빠'였다. 두 살 터울의 남동생만 있는 B는 오빠가 있는 친구들을 부러워했다. 그래서 연애, 결혼 모두 나이가 한참 많은 사람과 하고 싶어 했다.
 어느 날 B는 만나던 사람과 헤어진 뒤, 1년여의 공백을 깨고 레저스포츠 동호회에서 만난 남자를 소개하고 싶다고 연락을 해왔다. 나에게 소개할 정도면 꽤 진지한 관계일 거라 생각하며 약속 장소로 나갔다.

그런데 막상 마주하니 생각보다 나이가 많아서 놀랐다. B보다 9살 연상이라고 했다. 이야기를 나눠볼수록 훤칠한 키 말고는 B와 어울릴 만한 구석이 없어 보였다. 그렇게 느낀 이유 중 하나는, 아기자기하고 일상적인 대화를 즐기는 B와 달리, 그는 사회와 정치면의 이야기를 주로 꺼냈다. 보통 친한 지인과 함께한 자리면 사귀게 된 계기라든지 두 사람과 관련된 일상적인 대화를 나누는 게 자연스럽겠지만 남자의 태도는 어딘가 냉소적이고 딱딱했다.

'과연 두 사람, 잘 될 수 있을까?'

그렇게 헤어진 후, 일주일이 지나 B에게서 연락이 왔다.

"그 오빠가 아무래도 수상해요. 옛날 애인이랑 연락하며 지내는 것 같아요."

"그래? 그렇게 생각할 만한 근거는?"

"커피숍에서 우연히 오빠 사진첩을 같이 구경하다가 톡이 뜨는 걸 봤어요. 오빠가 당황해해서 제가 더 놀랐어요. 옛 애인이 확실한 건 아니지만 느낌이 그래요. 시간 되면 타로 한번 봐주세요."

그 남성과 결혼까지 생각하며 진지한 만남을 이어가던 B의 입장에서는 신경이 곤두설 만한 일이었다. 나는 곧바로 타로를 열었다. 그런데 결과를 보니 난감했다. 남자의 과거자리에 단란한 가정을 상징하는 카드 그림이 나왔기 때문이다. 보통 유부남일 때 자주 나오는 카드인데 남자의 현재가 아닌 과거자리에 위치한 것으로 봤을 때, 커피숍에서 연락온 여성은 옛 애인보다는 전 부인일 가능성이 더 높아 보였다.

"그 사람이 이혼을 했다면 자녀가 있을 수도 있어. 아마 너한테 먼저 고백하기까지는 시간이 걸릴 거야. 네가 먼저 물어봐야 해. 그날 커피숍에서 그 사람 휴대폰을 몰래 훔쳐본 것도 아니고 같이 봤던 거니까 당당히 물어봐도 괜찮아."

"네, 오늘 저녁에 만날 거니까 얘기하고 나서 연락드릴게요."

밤 10시가 지나자 폰이 울렸다. B는 약간 격앙된 목소리로 내게 말했다.

"언니 제가 조심스럽게 물어봤는데 처음엔 대답을 안 하더라고요. 만약 나한테 뭔가를 숨긴 게 들통나면 바로 헤어지겠다고 했더니 그때서야 이실직고하는 거 있죠. 3년 전에 이혼했대요. 초등학생 딸도 한 명 있고요."

"응 그렇구나. 그래서, 넌 어떻게 하고 싶은데?"

"솔직히 아직은 헤어져야겠단 마음은 안 들어요. 그런데 이전 감정으로 오빠를 대할 수 있을지 모르겠어요."

"내 얘기 잘 들어. 일단은 그냥 만나. 당장 안 보고 지내면 너도 그 사람이 보고 싶고 생각나서 더 혼란스러울 거야. 남자가 과거를 인정했으니까 몇 번 더 만나보면 어떻게 할지 판단이 설 거야. 다른 거 다 제쳐놓고 네 느낌이 어떤지 잘 봐. 그 사람 입장은 잊어버리고."

그렇게 대화를 나누고 나서 2주 뒤, B는 남자친구와 헤어졌다는 소식을 전했다.

남자는 B에게 잘 하지 않던 애정표현도 하고 선물을 사주는 등 나름대로 최선을 다해 잘해주려 노력했지만 B는 남자가 그럴수록 왠지 더 정이 떨어졌다고 했다.

"언니 말대로 일단 만나봤어요. 그때 그 상태로 생각할 시간을 가졌으면 더 헷갈렸을 텐데 평소처럼 만나니까 제 맘을 알겠더라고요. 만나볼수록 이건 아닌 것 같단 생각이 들었어요. 아무리 지난 일이라 해도 나를 속인 거나 다름없잖아요. 그 사람한테 그랬어요. 처음부터 과거를 밝혔어도 오빠를 좋아했을 거라고요. 그런데 그건 저도 솔직하지 않은 말이었던 것 같아요. 어떻게 이혼남에 딸까지 키우면서 미혼인 나를 속이고 사귈 생각을 했을까요? 어쩐지 이상했어요. 오빠 집에 놀러가고 싶다고 할 때마다 대답을 안 하더라고요. 그때부터 알아봤어야 하는 건데. 언니, 저 새로운 남자를 언제 만날 수 있는지 연애운 좀 봐주실래요? 정리는 잘 했지만 마음이 허전해서요."

B의 얘기를 들으며 그녀는 내가 생각했던 것보다 더 솔직하

고 강단 있는 사람이라는 생각이 들었다.

　처음에는 이대로 헤어진다는 게 마뜩찮았다. '사랑하는 남자의 과거조차 안아주지 못한 여자'로 비춰지는 게 부담스러웠기 때문이다. 고민의 시간을 보내는 이때 남자의 애정 행동에 발목이 잡히는 경우가 많다. '그놈의 정' 때문이라며 애써 자조적인 변명을 스스로 늘어놓게 되는 것이다. 하지만 그녀는 '죄책감'에 빠지기보다 남자에 대한 '불신'에 관계의 초점을 맞췄다. 한 번 신뢰에 금이 가게 한 사람은 앞으로도 그럴 가능성이 농후하다는 게 그녀의 생각이었다. 당사자인 두 사람의 관계를 객관적으로 바라보려 강단 있는 판단을 했다.

　남성들이 과거를 감추는 이유는 복잡하지 않다. '이혼남'이라는 꼬리표가 자신의 연애에 가장 큰 방해요인이라 여기기 때문이다. 서로 깊은 정이 들 때까지 남성들은 기다린다. 과거를 고백했을 때 '그때도 나와 헤어지지 않으면 정말 나를 사랑하는 거야'라는 자기 계산에만 충실하다. 그러나 여성의 입장에서 볼 때 남성의 행동은 단순하고 이기적일 뿐이다. 자기 때문에 연인이 느낄 배신감과 기만 당한 기분은 뭐란 말인가.

　B는 그와 헤어지고 레저스포츠 동호회를 탈퇴했다. 그 후로 1년이 지나 다른 여행 동호회에서 다정다감한 성품을 지닌 연상의 남자를 만나 결혼에 골인했다. 현재 그녀는 자신의 반쪽과 함께 행복한 신혼을 만끽 중이다.

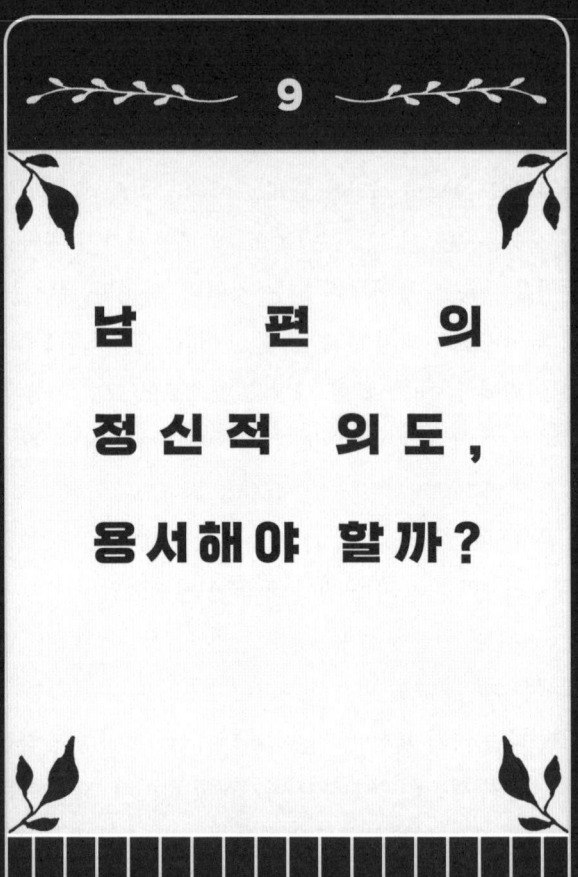

◆

"희원아, 너무 오랜만에 연락했지? 사실은 내가 좀 힘든 일이 있는데 네가 부산까지 내려와주는 건 무리겠지? 너한테 가서 타로 좀 보고 싶은데 애들이 아직 어려서 맡길 데가 있어야 말이지."

서울에서 부산으로 이사를 간 지 2년여 만에 연락 온 친구 A의 메시지는 어딘가 다급해 보였다. A와는 고등학교 시절 방학 동안 아르바이트를 하면서 알게 된 친구로 아주 가끔씩 안부를 주고받는 사이다. 그렇잖아도 A가 꿈에 보여서 궁금하던 참이었다. 그때는 한여름이었고 다들 휴가를 갈 때라 상담이 한가한 시즌이었다. 그래도 갑작스레 혼자 부산까지 내려가는 건 조금 부담이 되어 잠시 갈등했다.

다음 날 친구에게 전화를 걸었다.

"무슨 일인지 모르지만 나 큰맘 먹고 간다. 대신 맛있는 거 사줘라."

A는 큰 기대를 안 했는지 내가 간다는 말에 뛸 듯이 기뻐했다. 사내아이 둘을 데리고 부산역 앞에 마중 나온 친구는 예상보다 더 그늘지고 야위어 보였다.

우리는 바로 A가 사는 집으로 향했다.

"너 밥은 챙겨 먹는 거야? 이따 나랑 점심 먹을 때 조금이라도 입맛 돌리려면 고민을 덜어내야지. 무슨 일인지 천천히 얘기해 봐."

A는 그 순간만을 기다려온 듯했지만 어디서부터 어떻게 말해야 좋을지 난감해하는 것 같았다. 한참을 기다리다가 물을 한 모금 마신 뒤, 내가 먼저 입을 열었다.

"혹시 남편이 외도했어?"

기습적인 나의 질문에 친구는 당혹스러워하며 잘라 말했다.

"그건 노코멘트 할게."

워낙 속내를 쉽게 드러내지 않는 성격이라 바로 대답하기가 거북했던 모양이다.

"여기까지 나를 오라고 해놓고 말 안 해줄 거야? 알았어. 털어놓기 불편하면 타로 보지 말고 그냥 수다나 떨자. 나중에 얘기하고 싶어지면 그때 해."

잠깐 동안의 침묵이 흐르고 A는 결심했다는 듯 말했다.

"맞아. 남편이 바람피운 거."

대답과 함께 건조하게 부르튼 친구의 입술이 눈에 들어와 순간 맘이 짠해졌다.

한 달 전, A는 술에 취해 들어온 남편이 잠든 사이에 연달아 울리는 톡 알람소리를 들었다. 평소에는 남편의 휴대폰에 관심도 없던 A였다. 그날따라 유난히 진동소리가 자주 울리자, 남편을 깨워주기 위해 안방으로 들어간 A는 우연히 휴대폰 화면 상단에 뜬 톡 메시지를 보고 소스라치게 놀랐다.

― 자기야, 집에 잘 도착한 거야? 왜 계속 답이 없어?

놀란 A는 남편 휴대폰을 집어 들고 화장실로 갔다. 그리고 낯선 여자와 남편이 그동안 나누었던 메시지들을 훑어본 후, 그대로 바닥에 주저앉았다. 남편이 여자에게 보낸 메시지가 눈에 들어왔다.

― 난 자기 없으면 안 돼. 정말이야. 내 맘 알지? 사랑해.

충격을 받은 A는 호흡을 가다듬고 자신의 휴대폰 카메라로 대화 내용을 급히 찍었다. 그리고 이러한 상황을 모른 채 코를 골며 자고 있던 남편의 얼굴을 한참 동안 멍하니 바라보고는 짐을 챙겨 아이들을 데리고 서둘러 집을 나섰다.

다음 날 아침 깨어난 남편은 평소와 다르게 조용한 집안 분위기와 욕실에 있어야 할 칫솔들이 없어진 것을 보고 나서야 사태의 심각성을 느꼈다. 그날은 주말이었고 휴대폰이 꺼져 있는 아내가 아이 둘을 데리고 갈 만한 곳은 처갓집밖에 없을 거라 생각한 남편은 곧바로 처가로 향했다.

이미 딸에게서 사실을 전해들은 장모님은 굳은 표정으로 사위를 돌려보냈고 남편은 차마 그대로 돌아갈 수 없어 집 근처를 배회하며 차에서 꼬박 밤을 새웠지만 아내를 볼 수 없었다.

"그 일이 있고 나서 남편이랑 얼굴을 마주했을 때, 처음 꺼낸 말이 뭐였어?"

"첫 말은 기억이 잘 안 나지만 그 인간 눈을 아예 안 쳐다보고 나 혼자 계속 얘기했던 거 같아."

"주로 어떤 말?"

"이혼을 원하면 해주겠다고 했어. 난 당신 없어도 잘 살 수 있다고. 당신이 양육비만 꼬박꼬박 보내주면 아이들도 내가 잘 키울 수 있고 난 아직 나이도 젊어서 얼마든지 재혼도 가능하다고 했어."

"그랬을 때 남편 반응은?"

"고개 숙이고 싹싹 빌기만 했지. 이혼만은 참아달라면서."

나는 타로를 펼쳤다. 남편이 바람피운 애인과의 상황을 살펴보니 갑작스런 만남이었지만 새롭게 알게 된 관계가 아닌 오래전부터 알아온 느낌의 카드가 보였다.

"그 여자 혹시 남편 동창이야? 아니면 옛 애인?"

"고등학교 동창이래. 동창회에 간다고 나간 날, 일찍 들어왔었어. 그러니 동창 여자와 눈이 맞을 줄 누가 알았겠어."

"그런데 참 특이하다. 왠지 잠자리를 가진 것 같진 않아."

"정말? 그럼 그 말이 진짜였나? 그 인간이 그러더라고. 같이 잔 적 없다고. 그거 하나는 믿어달라고. 그런데 그 말이 믿겨야 말이지."

"응, 섹스는 안 한 거 같아. 너희 남편은 정신적으로만 외도를 한 듯해."

"정신적인 외도? 그게 가능해? 만약 진짜 그런 거라면 오히려 더 충격이야. 차라리 한 번 자고 끝낸 거면 그게 내 입장에선 덜 비참할 것 같은데."

친구는 남편이 그 여자를 향해 속삭였던 달콤한 말들과 몸이 아닌 마음을 주었다는 사실이 더 거북스럽고 용납하기 힘들다고 말했다.

"만약에 말이야. 네 남편이 정신이 아닌 육체적인 외도를 했다고 치자. 그러면 그게 한 번으로 끝날까?"

"그것도 그러네."

"혹시 남편이랑 부부관계는 언제 했어?"

"사실 기억도 안 나. 내가 매번 거부했으니까. 남편이 다가오는 자체가 너무 싫었어."

친구는 신혼 초부터 지금까지 결혼생활 10년여 동안 부부관계를 열 번도 안 했다고 고백했다. 남편은 건강하고 성욕이 왕성한 사람이었다.

어느 날 그는 이렇게 말했다고 한다.

"너 그러다 내가 나가서 바람피우면 어쩌려고 그래? 그렇게 되도 넌 할 말 없는 거야."

매일 밤 아내에게 애원하고 경고하기를 반복해온 그의 말은 빈말이 아니었다.

지인의 소개로 만난 두 사람은 3년여의 연애를 거쳐 결혼에 골인했다. 적극적으로 구애를 했던, 성실하고 자상했던 지금의 남편과 당연히 결혼해야 된다고 생각했다. 사랑해서 결혼을 결심했다기보다 결혼해도 괜찮을 만한 사람이라서 선택했고 연애 기간 동안 손잡은 것 이외에 키스도 한 번 해보지 않았다고 한다. 문제는 여기서부터 출발한 것 같았다. 결혼을 약속한 사이인데, 손만 잡았다는 것이 나는 맘에 걸렸다. 그녀는 성에 대한 기본적인 욕구조차 없었던 건지, 아니면 욕구를 자제했던 건지 궁금했다. 혼전순결을 지켜내는 데 성공했다면 결혼했을 때 적극적으로 다가오는 남편을 왜 거부했는지도.

나는 이 의문점을 풀기 위해 여러 각도로 질문을 했고 어렵게 답을 들을 수 있었다.

"사실 내 맘을 정확히는 모르겠지만 남편을 보면 옛날에 잠간 사귄 남자가 생각나. 그 사람과도 뽀뽀 한 번 한 적 없지만 정말 너무 많이 좋아했었어. 그런데 그때는 내가 그 사람을 별로 안 좋아하는 척했어. 결국 나한테 문자로 이별 통보하고 얼마 안 돼서 다른 여자가 생겼더라고. 그런데 희한하게 그 남자가 밉진 않았어. 내가 너무 부족해서 떠난 거였으니까."

그녀는 옛 애인이 떠난 원인을 자신의 잘못으로 돌려 그에 대한 미운 감정을 덮은 듯했다.

"그땐 그 사람에게 왜 마음을 감춘 것 같아?"

"그러게, 그냥 어색했던 거 같아. 내가 맘껏 표현하면 왠지 날 안 좋아할 것 같은 느낌이랄까?"

"그럼 혹시 남편을 보면 그 사람이 떠올라서 미안한 맘이 들어?"

"응, 미안하고 불안해."

남편을 보면 자신의 옛 남자가 생각나서 미안하고 왠지 그런 자신의 마음을 들킬까 봐, A는 매번 불안과 싸워야 했다. 그런 상태로는 성적 욕구가 생길 리 없다.

그녀의 이야기를 들으며 사랑하는 사람과 연애했던 그때와 다를 것 없이 결혼한 지금 역시 정서적, 육체적 관계를 둘 다 멀리했다는 걸 알 수 있었다. 옛 남자와 만날 때는 그 사람을 사랑하지만 친밀해지는 것이 두려워 표현하지 않았고, 현재는 남편과 얼마든지 친근감을 표현할 수 있지만 사랑했던 남자에 대한 그리움을 핑계로 남편의 온전한 사랑을 받아들이지 않았다. 그녀는 어떻게든 친근한 관계를 피하려고만 했던 것이다. 자신이 사랑의 감정을 회피하고 있다는 사실을 몰랐기 때문에 어쩔 수 없는 일이었다. 반면에 그녀의 남편은 아내의 마음속에 다른 이가 있다는 것을 모른 채 애정을 갈구해오며 아내가 왜 자신을 무작정 거부하는지에 대해 전혀 납득할 수 없었다.

나는 이날, A와 대화를 나누는 중에 이 모든 일의 원인은 그녀 스스로가 자신을 억압하는 마음과 관련이 있다는 것을 느꼈다.

그녀는 자신의 감정이나 욕구를 억압하는 것에 너무도 익숙했다. 남편의 외도를 확인했을 때, 이성적으로 행동하며 화를 분출하지 않았던 것도 그 때문이었다. 어떠한 벌도 달게 받을 각오가 되어 있던 남편이 용서는 비는 상황에서도 A는 자신이 느꼈던 감정을 숨긴 채, 앞으로의 계획들에 대해서만 냉소적으로 이야기했다. 나는 그녀에게 타로를 기반으로 추측한 각자의 내면적 상황을 자세히 설명해주었다.

그녀의 '억압'에 관한 '심층적인 단서 찾기'는 앞으로 그녀가 오랜 시간 공을 들여 알아내야만 하는 숙제가 되었다.

사람들은 '불륜'이라는 단어를 들으면 '해서는 안 될 일', '은밀하고 불결한 관계'를 떠올린다. 수많은 내담자들의 불륜과 관련한 상담을 해오면서 한 가지 느낀 것은 불륜이라고 해서 다

똑같은 성질의 것은 아니라는 것이다. 서로의 약속과 원칙을 깼다는 점은 같지만 바람을 피운 동기는 결코 같지 않다.

A의 경우를 살펴보면, 그녀의 남편은 오래전부터 자신의 외로움을 호소해왔고 부부관계에 대한 욕구를 끝없이 내비쳤지만 철저히 무시되어 왔다. 남편이 다가올 때마다 이유도 모른 채 싫다는 생각에 압도되어 남편의 기분을 이해할 수 없었던 A는 어쩌면 과거에 어떤 계기로 인해 공감능력이 상실되었을 수 있다. 타인에 대한 무공감은 자신의 마음도 전혀 이해하지 못하기 때문에 자신의 감정도, 상대방의 감정도 함께 방치해버리게 된다.

그녀의 남편은 아내에게 매번 잠자리를 거부당할 때마다 남자로서 인정받지 못하는 좌절감에 시달리고 점점 작아지는 자신을 발견하게 되었을 것이다. 어떻게든 자신의 존재를 확인받아야만 살아갈 수 있을 것 같은데 확인시켜줄 누군가가 나타나지 않아 매일 공허함을 술로 다스려왔을 것이다. 단지 새로운 여자와의 데이트를 원했던 것이 아닌, 자신도 남자로서 사랑받을 만한 가치가 있는 사람임을 스스로 증명하고 싶었는지도 모른다. 드디어 자신을 멋있게 봐주는 여자를 만나 존재만 확인받고 돌아오려 했지만 세상 사람들이 손가락질하는 '불륜의 그물망'에 걸려버리고 만 것이다.

A가 남편의 욕구를 모른 척했던 건, 더 사랑하는 쪽이 참아야

한다는 생각을 그녀 자신도 모르게 갖고 있던 것으로 보인다. 자신이 사랑했던 남자를 보며 욕구를 참았던 것처럼, 자신을 사랑해주는 남편이 자신의 욕구쯤은 덮어둬야 한다고 말이다.

어쩌면 그녀는 사랑했던 남자를 놓친 후 '누군가를 사랑하면 그때와 같이 버림을 받게 된다.'는 공식을 마음속에 새겨 넣었을지도 모른다. 그래서 더욱 몸과 마음을 최대한 아끼고 감정을 표현하지 않기 위해 노력했을 수 있다. 자신의 상황을 비극적으로 해석한 결과였다.

부부관계를 원하는 남편을 볼 때마다 죄책감이 들지만 그녀로서는 의무적인 섹스를 할 수 없었고 남편은 외도 대상과 잠자리를 가질 수 있었지만 아내와도 하지 못한 섹스를 차마 다른 여자와 할 수 없었다.

이것이 바로 일반적으로 흔히 벌어지는 '불륜'과 다르다고 보는 나의 시각과 관점이다. 그러나 분명한 건, 원인과 이유를 불문하고 배우자의 외도를 목격한 사람의 마음에는 평생 동안 지워지지 않는 기억과 상처가 문신처럼 새겨진다는 사실이다.

나는 부산역에서 A와 작별 인사를 한 뒤, 기차에 올라 곧바로 메시지를 보냈다.

― 용서는 한 번에 되지 않을 거야. 설령 나중에 용서를 했다

고 해도 가끔씩 그때의 네 기분이 떠올라서 힘든 순간이 분명 있을 거야. 지금부터는 매일 조금씩 남편에게 울분을 쪼개서 짜증도 내고 네가 느끼는 감정을 계속 인정해줘야 해. 남편과 깊은 대화를 나누고 싶어질 때까지. 나는 그 일이 너한테는 이혼보다 더 중요한 일이라고 생각해. 건투를 빈다, 친구야.

그 일이 있은 후, 친구 부부는 3년이 지난 지금까지 이혼하지 않고 각자의 역할에 충실하며 살아가고 있다.

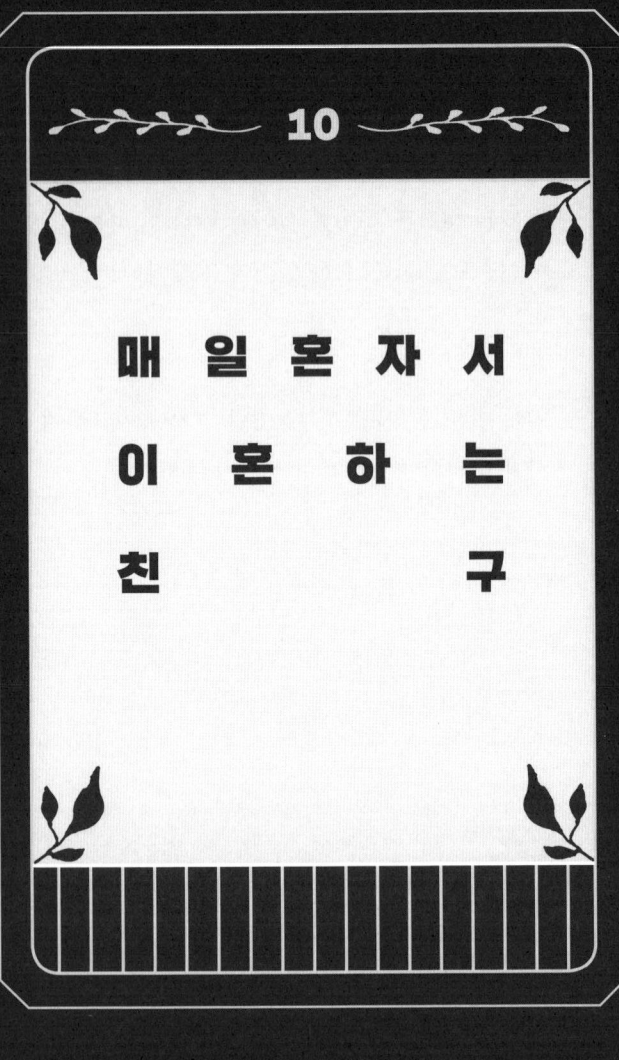

10

매일혼자서
이혼하는
친 구

◆

내 친구 S는 이혼 이야기를 꺼낼 때마다 확신으로 가득 차 있었다.

"미안한데, 네 남편 이야기는 더 이상 나한테 하지 말아주라."

그때 나는 이미 지쳐가고 있었다. 그녀는 말수가 워낙 많고 누군가의 험담을 끝없이 늘어놓으며 진을 빼는 구석이 있었다. 상담이 직업인 내가 자신의 이야기를 잘 들어주니 편해서 그랬을 수 있지만 경청하면 할수록 그녀의 한풀이 횟수가 점차 늘어갔다.

S가 나를 만날 때마다 늘어놓는 주된 이야기는 남편에 관한 것이었다. 그녀는 늘 입버릇처럼 이렇게 말했다.

"그 인간만 내 눈앞에 없으면 만사가 편할 것 같아."

초반에는 여느 부부들처럼 시시콜콜한 감정싸움이려니 생각했다. 그러나 시간이 지날수록 두 사람의 다툼거리는 너무나 다양했고 도를 넘어서는 싸움도 잦았다. S가 쏟아내는 불만은 대체로 이런 내용이었다.

"난 도저히 이해가 안 돼. 내가 남한테 뭘 주기만 하면 그걸 가지고 트집을 잡아."

"내가 식모도 아니고 정성이 담긴 밥상을 어떻게 매일같이 차려주니."

"요구사항이 한두 개가 아니야. 무슨 어린애도 아니고."

그녀의 불만을 듣다보면 그녀 남편이 가진 불만도 함께 들려온다.

S는 하고 싶은 말을 여과 없이 하는 성격이다. 그녀의 남편은 가부장적이고 그녀가 무엇을 하든 하나하나 트집 잡으며 자신의 방식을 강요한다고 했다. S는 아무데나 양말을 벗어놓고 늦잠을 즐기는 남편에게 매일같이 핀잔을 주었다. 그는 S가 잔소리를 할 때마다 집안일은 하나부터 열까지 여자가 해야 할 일이라며 맞받아쳤다.

둘의 싸움 원인은 또 있었다. S는 집에서 품종 고양이를 교배시켜 가정 분양으로 돈을 버는 일을 했다. 나는 그녀의 집에 고양이가 얼마나 있는지 모르지만 그녀 말로는 셀 수 없을 만큼 많은 고양이가 있다고 했다. 남편은 새끼 고양이들이 점점 늘어나자 그 일을 하루 빨리 접을 것을 오래전부터 권유했다고 한다. 하지만 애초에 남편도 동의를 해온 일이고 고양이를 입양할 사람이 나타나지 않으면 혼자서 고양이들을 키울 생각이었기 때문에 남편 의견을 받아들이지 않았다. 퇴근 후 집에 돌아오면 편히 누울 공간조차 없어서 괴로워하던 남편은 이대로는 살 수 없다며 아내에게 진지하게 물었다.

"넌 계속 이대로 살 거야? 제발 좀 퇴근하고 집에 와서 편히 있고 싶다. 그리고 이 많은 고양이들을 먹이고 거두는 비용이 얼마인지는 계산해봤어? 대체 고양이가 중요해, 네 남편인 내가 중요해?"

"난 고양이가 더 중요해."

그날 남편은 이혼을 요구했고 S는 천안에 있는 용한 점집에 다녀오는 길이라며 내게 연락을 해왔다.

"나 아무래도 너한테 타로를 봐야 확신이 들 것 같아. 이혼하기로 맘은 이미 정했지만."

"점집에선 이혼한다고 하든?"

"응, 이번에 이혼한대. 우린 헤어질 운명이래. 지금 너한테 갈게."

택시를 타고 달려온 친구의 눈은 점집에서 얼마나 울었는지 퉁퉁 부어 있었다.

"이혼 도장을 찍고 온 얼굴이구나. 기다려봐. 타로는 딱 한 번만 본다."

나는 카드를 펼쳤고 결과는 선명했다.

"점집에서 이번에 이혼한다고 했다는 거지?"

"뭐야, 나 이혼 안 한다고 나와?"

"운명의 수레바퀴. 이 그림 속 수레바퀴가 뭘 뜻하겠어? 나중이라면 모를까, 당분간은 지금 상황을 반복할 것 같아."

그녀는 어이없다는 듯 웃었고 타로 결과에 대해 은근히 아쉬워하는 눈치였다.

자신은 반드시 이혼을 해야만 하고 그렇게 하기로 맘을 굳혔는데, 다람쥐 쳇바퀴 돌 듯 이런 상황이 반복될 거라고 하니 조금 허무했던 모양이다.

S는 죽어가는 목소리로 '그래도 이혼은 해야 돼'라는 말만 반복 하며 훌쩍거렸다.

"그래. 네 생각이 그렇게 확고하면 당장은 못해도 언젠간 할 수도 있을 것 같다. 그런데 너는 뭐가 그렇게 서글픈 거야? 이혼이 소원이었잖아."

"그냥 진짜로 헤어진다고 생각하니까 슬퍼져. 남편이 이혼 얘기하면서 그랬어. 앞으로 내가 이혼하고서 남들한테 이용당하며 살까 봐 걱정된다고. 내가 너무 착해서 이 험한 세상을 어떻게 살아갈까 싶대."

그녀는 이야기를 하면서 끝없이 눈물을 쏟았다.

그렇게 집으로 돌아간 S는 일주일이 지나도록 아무런 연락이 없었다. 어떤 상황인지 궁금해진 나는 전화를 걸었다.

"안 그래도 너한테 전화하려고 했는데."

S는 말했다.

"무슨 일로?"

"우리 집 전세 계약 만료 다가와서 이사해야 되잖아. 우리 남편이 너 분양받은 집 얼마였는지 물어보래."

"너 그게 무슨 말이야? 남편이랑 이혼한다며, 화해한 거야?"

"아이고 참내, 화해하고 자시고 할 게 뭐가 있어. 그냥 푸는 거지."

S는 새삼스럽다는 듯, 그리고 당연하다는 듯 그렇게 말했다. 나는 다행스러우면서도 한편으론 은근히 부아가 치밀었다.

"너 앞으로 이혼소리 했담 봐. 가만 안 둔다."

"야, 어쨌든 너 타로가 맞았다! 호호호."

그 후로 S는 내 눈치를 살피는 듯했지만 남편에 대한 푸념은 계속 되었다. 그녀의 험담을 들어주는 것이 점점 내 상담에 영향을 미친다는 것을 느껴 일부러 거리를 두기 시작했다.

그렇게 몇 주가 흘렀을까. S에게서 전화가 왔다.

"넌 어쩜 전화 한 통이 없냐? 이 무심한 것아. 나 할 말 있어서 전화했어. 타로 예약 좀 해줘."

"그건 곤란해. 그냥 다른 데 가서 봐라. 나 이제 주변인들 타로 안 보기로 했다."

"어머머, 그게 무슨 소리야? 대체 왜? 나 아니어도 손님 많다 이거냐? 난 너한테 보고 싶단 말이야."

"너 또 이혼 때문에 타로 보려는 거 아냐? 그건 정말 사양하고 싶다."

"맞아. 이번엔 확실히 이혼하기로 했어. 지난번보다 더 심각해서 그래. 좀 봐줘라."

"뭐 하러 그래. 어차피 언제 그랬냐는 듯 없던 일 될 텐데."

"이번엔 진짜라니까! 나, 짐도 다 싸놨어. 다음 주에 이사업체 예약도 해뒀는데?"

"이혼하고 나면 연락해. 그때 믿어줄 테니까."

S는 나를 만나러 오겠다고 몇 번이고 말했지만 한사코 거절하고 전화를 끊었다.

몇 주가 지나 그녀는 다시 내게 연락을 해왔다.

"넌 진짜 나한테 무신경하다. 내가 궁금하지도 않냐?"

"궁금하긴 했어. 그런데 왠지 전화는 안 하게 되더라. 바쁘기도 했고. 참, 너 지난번에 짐 뺀다더니 어떻게 됐어? 집은 구했어?"

"아니, 그냥 그대로지 뭐."

"이혼이 쉬운 건 아니지만 너도 어지간하다. 이혼한다는 말을 말던가."

"야, 원래 부부가 다 그런 거 아니겠냐. 내 주위에 결혼한 사람들 보면 다들 우리처럼 싸우고 살더라. 안 싸우는 부부들이 이상한 거지."

"넌 합리화 시키는 게 특기냐? 이번엔 또 뭐가 문젠데?"

"아니 시어머니 핸드폰이 고장 났다더라고. 그래서 내가 가격이 저렴한 걸로 알아보고 있었거든. 그런데 남편이 최신 기종을 사드려야 된다고 하기에 어머니는 어차피 통화랑 문자만 하실 건데 비싼 거 사드릴 필요 있냐고 했지. 그랬더니 막 성질을 부리더라고. 자기 엄마 무시 하냐면서."

그렇게 푸념만 늘어놓은 채 전화를 끊었고 석 달이지나 S를 만났다. 그녀는 그 사이 애견 숍을 오픈했다. 문을 열고 들어서니 숍 내부는 맡겨진 강아지들로 북적였다. 남편과는 잘 지내는지 물어보고 싶었지만 관두었다.

내가 물어보지 않아도 S는 자연스럽게 말을 꺼냈다.

"나 사실 아직도 모르겠다. 남편이랑 이혼을 해야 될지 말아야 될지."

"그 고민은 평생 할 거니? 한 가지만 물어보자. 넌 매일 이혼하고 싶다면서 못 헤어지는 이유가 대체 뭐야?"

"남편이 불쌍해서……."

"왜 불쌍하다고 느끼는 건데?"

"그 사람이 살아온 이야기 들어보면 정말 불쌍하게 자랐고 너무 고생을 많이 했어. 나 만나기 전에 결혼 전제로 동거하던 여자가 있었는데 그 여자한테 상처받고 배신당하고. 아휴, 말도

마. 그런데 나랑 이혼하면 아마 여자 자체를 못 믿을걸."

"그걸 왜 네가 걱정해? 그것 때문에 여태 이혼 결심 번복한 거야?"

"나 어떻게 했으면 좋겠어? 이혼해, 말아? 성격이 안 맞아도 너무 안 맞아."

"남편이랑 성격 안 맞는 거 결혼 전엔 몰랐어?"

"알았지. 연애 때도 피 터지게 싸웠지."

"그럼 억울할 것도 없네. 네가 남편을 감싸줘야지. 불쌍한 사람이라며."

나는 답답한 마음에 오래 있지 못하고 상담예약이 있다는 핑계로 서둘러 자리에서 일어났다.

그녀의 넋두리를 수개월에 걸쳐 듣는 동안 그녀와 같은 고민으로 상담을 요청했던 여성 내담자들을 떠올렸다. 그녀들 중 경제적인 문제, 아이문제로 이혼을 망설이는 경우를 제외하고 이혼을 어려워하는 이유는 단순히 정 때문만은 아니었다. S는 아이도 없었고 경제 능력도 있었다. 갖가지 이유로 남편과 싸우면서도 관계를 상실하는 것에 대한 불안은 그녀의 판단을 매번 가로막았다.

남편은 평소 아내가 주변 사람들에게 물질적으로 베푸는 것을 싫어했다. 그렇게 정을 주고 계산 없이 베풀다가 이용당할 거란 이유에서다. 그리고 언제나 확신하듯 말했다.

'그 사람들은 너를 분명 배신할 거야. 그러니까 잘해줄 필요 없어.'

그녀에게 들은 그의 어린 시절은 참혹했다. 아버지의 폭력을 견디며 자란 것이다. 스무 살이 되던 해에 아버지를 경찰에 신고했고 부모님은 곧바로 이혼했다. 타로에서 보여진 그의 두드러진 감정 또한 아버지를 향한 적개심으로 읽혀졌다.

보통 남성들의 성장 배경에서 가정에 헌신적인 어머니와 반대로 아버지가 이기적인 모습을 보이고 가장으로서의 역할을 하지 않았을 때, 그런 아버지를 보며 어릴 적 어머니를 제대로 지켜드리지 못한 것이 죄의식으로 남게 된다.

죄의식이 뿌리를 내리면 어머니를 과잉보호하게 되는 경우가 자주 나타난다. 아들이 아닌 남편의 역할을 대신하는 모습이다.

아버지가 가정에는 신경쓰지 않으면서 남에게는 친절을 베풀고 빚보증을 서는 모습을 보았다면 그는 아내와 아버지를 동일 인물로 생각해서 분노를 느끼기에 충분하다. 그래서 아내가 다른 사람에게 무언가를 베풀고 친밀한 관계를 맺으려 할 때, 극도로 예민해지는 것이다. 아버지의 성격과 행동을 닮기 싫지만 엄마에게 화를 내고 사사건건 잔소리하던 아버지의 모습을 그대로 옮겨온 탓에 아내와의 갈등이 일어날 수밖에 없다. S는 이런 남편의 심리를 추측할 수 없었기에 남편을 그저 속 좁고 까칠한 사람으로 치부해왔다.

S가 남편을 만나기 전, 3년 동안 교제한 남자가 있었다. 그녀가 공무원 시험을 준비하고 있던 때에 만난 사람이었다. 반듯하고 건실한 사람이었고 사귀는 동안 다툰 적이 없을 만큼 평온한 연애를 했다고 들었다.

S는 그에게 자주 권태를 느꼈지만 지금의 남편에게선 싫증이나 지루함을 전혀 느낄 수 없었다고 한다. 만약 이혼 후 누군가를 만나도 착하고 건실한 사람과는 사귈 수 없을 거라고 그녀는 말했다. 자신의 화를 돋우는 사람에게 매력을 느낀다는 사실을 결혼 후 처음 알게 되었다. 싸우는 것이 싫지만 싸우고 싶기도 한 이중심리가 작동하는 것이다. 헤어지기로 마음을 먹을 때마다 그녀는 자신이 에너지를 쏟을 대상이 한순간에 사라지는 것이 싫었다. 관계를 개선하기 위한 방안을 모색하기보다 싸움도 사랑의 일부로 여기며 이혼 결정을 매번 무산시켰다.

정신적으로 자립할 자신이 없는 여성들이 헤어지고 싶은 사람과 관계를 못 끊는 이유를 딱히 찾을 수 없을 때 연민을 내세운다. 그 연민은, 사실은 상대가 아닌 자신을 향한 연민이다. 이혼 후 자신을 조여오는 주변인들의 부담스런 시선을 감내하며 살아갈 자신이 없는 것이다. 차라리 누구나 다 싸우고 산다고 합리화시키며 같은 생활을 이어가는 편이 안정적이라 여기는 경우가 많다. 자신의 감정이 누구를 향한 것인지 알 수 없는 모호함 속에서 방황이 계속되면 헤어짐의 원인을 전적으로 상대에게 돌리고 자신은 피해자로 단정짓게 된다.

한 달 전 그녀에게서 연락이 왔다. 3년 만이었다. 나는 그녀에게 지쳐 기약 없이 거리를 두고 있었다. 잘 지내는지 문득 궁금하던 때에 그녀의 연락은 부담보다는 반가움으로 다가왔다. 그녀와 오랜만에 만나 함께 식사를 하면서 놀라운 근황을 들을 수 있었다.

"남편이랑 갈라선 지 1년 됐어."

"정말이야?"

"그래, 이번엔 진짜야. 그때 너한테 미안했다. 이번엔 믿어도 돼."

그녀의 말은 예상 밖이었다. 그런데 얼마 전 그가 찾아와 재결합의 뜻을 밝혔고 아직 남편을 좋아하는 마음이 남아 있었지만 단호히 거절했다고 한다.

"솔직히 좀 흔들렸어. 그런데 그놈 말하는 게 영 아니더라. 그래서 거절했어."

"그 사람이 뭐라고 했는데?"

"자기가 이혼 경력이 두 번이나 되니 여자를 만나고 싶어도 주변에서 소개를 안 시켜주더래. 그래서 자기 스스로 여자들을 찾아 만나봤는데 나만큼 괜찮은 여자가 없더래. 뭔가를 뉘우치고 앞으로는 어떻게 하겠다는 결심이나 계획 같은 걸 가져온 게 아니었어. 결국 자기가 그냥 아쉬워서 온 거야."

솔직함을 넘어 뻔뻔한 그의 말이 그녀는 마음에 들지 않았다고 했다. 혹시 그를 거절한 걸 후회하지 않느냐는 나의 질문에 그녀는 망설임 없이 대답했다.

"전혀."

나는 그녀가 이제라도 자신의 결정을 믿고 흔들리는 마음을 컨트롤한 것에 대해 칭찬했다. 비록 친구인 나를 지치고 힘들게 했었지만 그녀가 현실을 인지하게 되었다는 사실에 기뻤다.

예전과는 다르게, 더 이상 그녀는 자신의 결정을 번복하지 않을 거라는 확신이 들었다.

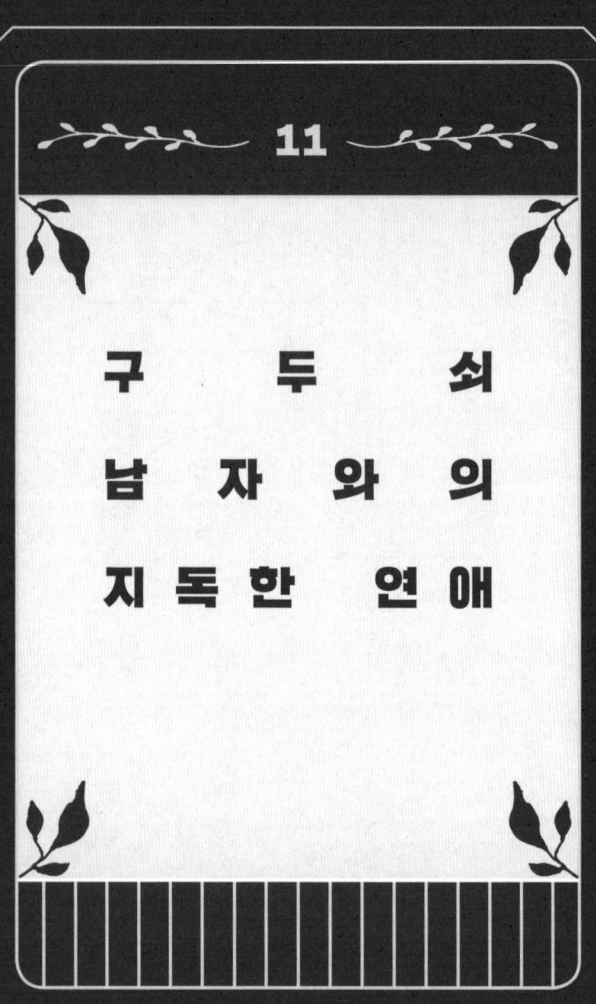

11

구 두 쇠 남 자 와 의 지 독 한 연 애

◆

 스물여덟의 나이에 만난 남자에게 3년간 휘둘리며 헤어짐을 고민해온 J는 가을의 끝 무렵 상담실 문을 두드렸다. 단아한 이미지에 하얀 피부를 가진 그녀는 낯을 많이 가리는 듯했다. 타로 상담이 처음이라고 밝힌 그녀는 내게 물었다.
 "남자랑 헤어지고 싶은데 못 헤어져서 오는 여자 손님이 많이 있나요?"
 그녀는 질문 속에서 자신의 고민을 드러냈다.
 "네, 그럼요. 아무리 싫어도 헤어지는 게 그리 쉬운 일은 아니잖아요?"
 나의 대답에 그녀는 고개를 끄덕이며 수줍게 웃었다.
 남자친구 생일이 당장 내일인데 생일 선물을 어떤 걸 하면 좋을지 모르겠다는 그녀의 첫 고민을 들었을 때, 평소 애인의 비위를 맞추느라 힘들어온 것을 느낄 수 있었다.
 "남자친구 취향이 좀 까다로운 스타일인가 보네요?"

"네, 매년 생일 때마다 제가 고른 선물을 직접 상의하고 맘에 들어 하면 그때 사러가요."

"선물을 살 때 선물 주인의 허락이 필요한 거군요. 그것도 은근히 피곤한 일이겠네요."

"네, 생일이나 기념일이 올 때마다 좀 스트레스 받긴 해요."

"혹시 이번에 봐두신 선물이 있으세요?"

"어제 백화점에서 키링을 보고 사진 찍은 걸 보여줬더니 맘에 안 들어 하더라고요."

"그럼 특별히 갖고 싶은 선물이 뭔지 물어봤나요?"

"네, 금팔찌가 갖고 싶다고 했어요. 순금이요."

나는 그만 실소를 터트리고 말았다. 여자친구가 고른 선물을 매번 상의해야 하는 점도 일반적이지 않다고 느꼈는데 어떻게 순금을, 그것도 중량이 꽤 나올 법한 팔찌를 골랐다는 게 너무나 의아해서였다. 더욱 놀라운 건, 자신이 갖고 싶은 순금 팔찌를 가격까지 미리 알아봤다는 것이다. 그가 고른 금팔찌의 가격은 무려 백오십만 원 대였다고 한다.

'혹시 애당초 다른 선물은 생각해보지 않고 금팔찌만을 원했던 게 아닐까?'

나는 한참 동안 숨을 고르며 나의 선입견이 섞인 감정을 최대한 몰아낸 뒤, 타로를 뽑아보았다.

그림 속 구두쇠를 상징하는 카드 속 남자의 모습은 욕심 가득한 얼굴을 하고서 노란 동전을 품에 껴안고 있었다.

"그분 저축 하난 정말 잘 하겠네요. 남자분은 J씨 생일에 뭘 해줬나요?"

"평소에 워낙 돈을 안 쓰는 걸 아니까 제 생일에 비싼 건 못 고르겠더라고요. 인형 받은 적 있어요."

그 인형마저도 본인이 고른 게 아닌 남자가 친구들 만났을 때 인형 뽑기로 얻은 것을 가져와서 준 거라고 했다. 나는 또다시 카드를 뽑았다.

"이분 현재 금전 상황은 의외로 나쁘지 않은 걸로 보이네요? 행동으로 봐선 쪼들리는 것처럼 보이는데 아닌가 봐요. 묶여 있는 재산도 있는 듯하구요."

"네, 처음엔 돈이 없다고 했었어요. 그런데 알고 보니 남자친구 앞으로 집도 있고 통장 잔고도 몇천만 원 찍혀 있는 거 보고 깜짝 놀랐어요."

그녀가 듣기로는 그의 집안 형편이 어릴 때부터 좋지 않아 대학을 가고 싶었지만 포기하고 바로 취업을 했다고 한다. 그때부터 지금까지 단 한 번도 쉰 적 없이 일을 했고 서른두 살의 나이에 자기 앞으로 된 작은 아파트 한 채를 샀다. 삼십대 초반에 부모님의 도움 없이 자립해서 돈을 모아 아파트를 구입하는 건 평범한 직장인이 월급을 받아서는 쉽게 이룰 수 있는 일이 아니었다. 나는 이쯤 되어 본격적으로 J의 마음을 알아보고 싶어졌다.

"J씨는 그 남자분의 어떤 면이 좋아서 만나세요?"

"저도 그걸 모르겠어요. 속으로는 헤어지고 싶은데 그 말이 입 밖으로 안 나와요. 매번 싸울 때마다 남자친구의 말에 기가 죽어서 저만 속병 앓다가 끝나요."

"싸울 때 남자분이 자주 하는 말이 있나요?"

"네, 기분 나빴던 걸 얘기하면 다 제가 상황을 그렇게 만든 거라고 해요. 네가 원인제공을 했다. 다 네 탓이다."

"그분 제가 한번 만나서 상담하고 싶어지네요. 저라면 모든 일을 제 탓으로 돌리는 사람과는 오래 못 만날 것 같은데 J씨는 잘 참아줬네요? 그것도 3년씩이나."

"사실은 제가 한 번 결혼을 했었어요. 일찍 결혼해서 애까지 낳았는데, 전남편이 결혼 전에 큰 빚이 있다는 걸 모르고 결혼해서 그 빚을 같이 갚다가 자주 싸웠어요. 남편이 이혼 못해준다고 했는데 결국 제가 아이 양육권 포기하는 조건으로 이혼했어요. 지금 만나는 사람은 그 1년 뒤에 모임에서 만난거구요"

그제야 의문이 풀리기 시작했다. 나는 J가 왜 구두쇠인 그와 관계를 정리할 수 없는지 이해할 수 있었다. J의 전남편은 현재 만나는 사람과는 반대로 돈 관리가 전혀 안 되는 사람이었다. 빚이 있으면서도 술 마시길 좋아했고 자질구레한 쇼핑은 끊이질 않았다. 그녀가 조금이라도 잔소리를 하면 손찌검을 하고 심하게 싸운 날은 집을 나가서 아예 들어오지 않았다고 한다. 그렇게 두 사람 사이 감정의 골은 점점 깊어졌고 결국 이혼까지 이르게 된 것이다.

J는 두 번 다신 전남편처럼 돈에 대한 개념이 없고 대화가 안 되는 사람은 만나지 않겠다고 다짐했다. 성실하고 술 담배도 일절 하지 않고 근검절약이 몸에 배어 있는 현재 남자를 만났을 때 전남편의 모습이 없어 안심이 되었다고 한다.

문제가 불거지기 시작한 건 사귄 지 석 달이 지나서부터였다. 별거 아닌 사소한 일에 짜증을 내기 시작한 남자는 그녀의 생일날 본심을 드러냈다.

교제를 시작하고 첫 생일인데 꽃 한 송이도, 축하한단 말도 없는 그에게 J는 조심스럽게 말을 꺼냈다.

"오늘 나 생일인데······."

그러자 그는 잔뜩 인상을 찌푸리며 말했다.

"생일인데 뭐? 내가 평소에 데이트 비용을 너보다 더 많이 쓰는데 생일 선물까지 해줘야 돼?"

J는 말문이 막혔다. 자신도 돈을 쓰지 않은 건 아니었다. 일부러 남자에게 부담주지 않으려 값싼 곳만 골라서 갈 때도 많았다. 그런데 자기가 쓴 것만 생각하는 남자를 어떻게 이해해야 할지 당황스러웠다. 게다가 생일을 뻔히 알고 있었으면서 일부러 아무 말도 안했다는 걸 알고 나니 더 화가 났다. J는 이대로

헤어져야겠다는 충동이 생겼지만 그 순간 자신의 과거가 떠올랐다.

'이혼녀인 내가 어디 가서 또 이만한 남자를 구하겠어. 옛날 그 인간보다는 지금 이 남자가 몇 배 낫지. 그깟 생일이 뭐 대수라고. 구두쇠인 것 말고는 그래도 괜찮은 사람이야.'

J는 그렇게 서운한 감정을 덮어버렸다.

J가 아무 말 없이 넘어간 그날 이후로 남자는 점점 더 돈을 아끼기 시작했다. 본인이 밥을 살 때는 분식집에 가서 간단히 해결하고 비싼 음식을 먹고 싶을 땐 J에게 계산을 유도했다. 급기야 데이트 비용을 줄이기 위해 혼자 살고 있는 J의 집에 드나들며 밥을 얻어먹기 시작했다. 몇 개월간 데이트다운 데이트 한번 못하고 이틀에 한 번 꼴로 집에 오는 남자가 싫었던 J는 더 이상은 집에서 밥을 차려주기 싫다고 털어놓았고 그는 이렇게 말했다고 한다.

"좋아. 대신 밖에서 만날 때 드는 돈은 네가 쓰는 걸로 해."

"왜 내가 다 사? 그리고 오빠는 왜 그렇게 만날 돈타령이야?"

"데이트 비용 아끼는 게 잘못된 거야? 밖에 나가면 다 돈인데. 집에서 먹는 게 싫으면 네가 돈 쓸 각오는 해야지."

그날의 다툼으로 J는 일주일 정도 연락을 끊었고 남자도 화가 났는지 아무런 반응을 보이지 않았다. 그러다 그는 자신의 생일이 가까워오자 J에게 전화를 걸어 사과를 했다. 그의 사과를 받아들였던 J는 그가 순금 팔찌를 갖고 싶다는 얘기를 꺼냈을 때, 그의 진심이 무엇인지 혼란스러워 나를 찾아오게 되었다고 말했다.

"혹시 남자분이 돈 빌려달란 말은 한 적 없나요?"

"있었어요. 이번에 싸우기 한 달 전 크게 다투고 나서 며칠 있다가 급히 쓸 데가 있다면서 천만 원을 빌려달라고 했는데 그 돈을 빌려주려면 적금을 깨야 해서 못 빌려줬거든요. 자기도 돈이 있는데 왜 저한테 빌려달라고 하는지 이상하긴 했어요."

"그렇다면 남자분께서 전 여자친구에게 돈을 빌려준 적이 있진 않은지 궁금하네요."

"아, 그런 적이 있다고 들었어요. 액수는 말을 안 해서 모르겠지만 예전에 돈 빌려주고 나서 연락이 끊겼다고 했어요."

그에게 '돈'은 단순한 화폐가 아닌 자존심과 직결된 문제였다. 가난한 형편 때문에 자신과 가족이 설움을 당한 일이 있을 가능성이 있다. 그런 과정에서 그는 사람과의 관계에서 오는 친밀감을 배우지 못한 채, 오로지 먹고사는 일과 부지런히 돈을 모아 집을 사서 보란 듯이 사는 것을 목표로 삼았을 것이다. 그 목표는 예상보다 일찍 이뤘지만 마음속 상처는 그대로 남아 있었고 자신의 자존심과도 같은 돈을 갖고 떠나버린 여자에게 받은 정신적, 물질적 피해를 또 다른 여성에게 돌려주고 싶었던 것일지도 모른다. 자신이 손해본 돈을 데이트 비용과 값비싼 선물로 둔갑시켜 되돌려 받으려 한 것이, 타로를 통해 보게 된 나의 관점과 해석이다.

그동안 해왔던 행동들이 자신이 의도한 일은 아니라고 해도, 나는 J에게 남자친구인 그를 이해하라고 말하고 싶진 않았다. 그의 상처와 숨겨진 속사정들을 이해한다고 해서 관계가 나아지는 것은 아니기 때문이다. 그리고 자기 내면의 분노를 죄 없는 이들에게 푸는 사람을 감싸줄 방법은 없다.

상담을 마치며 J에게 말했다.

"남자분의 행동은 점점 더 심해질 거예요. 왜냐하면 J씨가 그 사람의 이기적인 행동을 끊어내지 못하고 계속해서 받아주었기 때문이에요. 앞으로는 그를 집으로 부르지 말고 현관 비밀번호도 바꾸는 게 좋겠어요."

며칠 뒤, J는 내게 문자를 보내왔다.

— 선생님, 그 사람 생일날 선물 안 사줬어요. 그리고 어제 저희 집 앞으로 왔더라고요. 제가 헤어지자고 했더니 저한테 막 소리를 지르면서 이제까지 자기가 쓴 돈 다 내놓으라는 거예요. 계속 이러면 경찰 부르겠다고 하니까 그때서야 갔어요.

그녀는 헤어짐에 확신 없던 그때와 달랐다. 그녀의 문자에선 그와의 이별을 두려워하는 마음이 느껴지지 않았다.

일주일 즈음 지나 그녀는 나를 찾아와 씁쓸해하면서도 홀가분한 표정을 지으며 말했다.

"완전히 끝난 것 같아요."

"어떻게요?"

"그때 저희 집 앞에서 싸우고 나서 어제 처음 톡을 보냈더라고요."

그녀는 남자가 보낸 톡을 보여주었다.

— 잘 지내? 나 고기 사줘. 네가 지난번에 사준다고 했었잖아. 설마 기억이 안 난다고 하는 건 아니겠지? 오늘 저녁에 집 앞으로 갈게.

사과의 내용이 담긴 톡일 거라 기대했던 나는 기가 막혀 웃음이 나왔다. 그의 태도는 뻔뻔하기 짝이 없었다. J 역시 톡으로 본 진정성이라곤 눈을 씻고 봐도 찾을 수 없는 그의 행동에 완전히 정이 떨어졌다고 했다. 그는 스리슬쩍 관계를 회복하기 위해 연락했겠지만 화해의 여지가 없는 내용이었다. 매번 이런 식으로 J가 그의 무례한 모습을 용인해왔다고 생각하니 한숨이 절로 나왔다.

이어서 그녀는 지난번 상담 때 나의 조언을 토대로 그에게 보낸 답장을 보여주었다.

— 생각해봤는데 오빠는 나를 호구로 생각하는 것 같아. 혹시 오빠 돈 떼먹고 달아난 여자가 있어서 나한테 화풀이하는 건지는 모르겠지만 앞으로는 나한테 이러는 거 용납하지 않을 거야. 행여나 원인제공 어쩌고 하면서 뒤집어씌울 생각도 마. 열심히 돈 모으면서 잘 먹고 잘 살아. 애꿎은 여자들한테 피해주지 말고. 그리고 먹고 싶은 게 있으면 오빠가 번 돈으로 사먹어. 오빠 돈 많잖아.

그녀는 예전과 달리 자신이 하고 싶은 말들을 적절하게 토해 낸 것 같았다. 이 답장을 받은 그는 더 이상 J에게 연락하지 않았다고 한다. 예전과 달라진 J의 단호한 행동이 자기 뜻대로 마음껏 휘두르고 무시해왔던 여자의 모습이 아니기에, 또다시 무례한 메시지를 보낼 수 없었을 것이다.

그동안의 타로 결과 중에서 엿보였던 또 하나의 중요한 대목은, 그녀가 무기력한 상태로 그와의 관계를 유지했다면 점점 그의 생각과 행동에 이끌려 결국 데이트 폭력으로 치닫는 사태가 일어날 수 있었다는 점이다. 그녀는 마침 자신의 직관에 이끌려 인터넷 검색을 통해 나를 알게 되었지만 이 문제를 누군가와 상의하지 않았다면 과거 남편에게 폭력을 당했던 트라우마가 다시 재현되었을지 모른다.

J의 남자친구는 어릴 적 가난과 마음의 상처로 인해 부자가 되고 싶었지만 그는 오히려 더 가난해진 마인드로 세상을 살아가는 듯하다. 여자친구에게 마치 빚쟁이처럼 굴며 자신이 당했던 괄시와 무시, 무례함에 대한 기억을 되살려 만만해 보이는 여성에게 다가가 마음을 얻어낸 뒤 스트레스를 풀어온 것이 아닐까. 자신에게 빚을 지지도 않은 사람에게 빚을 받으려 하는 그의 잘못된 생각과 행동은 또 누구에게로 향할지 염려스럽다. 새로운 연애 운을 보고 J가 돌아 간 후 나는 그녀에게 장문의 메시지를 남겼다.

─ J씨는 한 번 결혼한 이력을 약점이라고 생각하죠? 결혼에 실패했다고 해서 J씨 자체가 갑자기 못난 사람이 된 건 아니잖아요. 누구나 행복할 권리는 있는 거예요. 약점이라 생각하지 말아요. 당신이 만나고 싶은 사람을 만나세요. 눈높이를 낮추거나 피해의식에 사로잡혀 당신 자신과 타협하지 마세요. 살다보면 못돼먹은 사람을 만나기도 해요. 이번 연애를 통해서 인생경험 한번 크게 한 셈 쳐요. 대신 앞으로는 누군가를 만날 때 당당해지세요. 그러다 보면 지금의 자신이 여전히 괜찮은 사람이라는 걸 믿게 될 거예요.

이제부터는 급하게 이성을 찾지 말고 그동안 돌보지 못한 J

씨 자신을 차분히 돌봐주는 시간을 가졌으면 좋겠어요. 제가 추천한 두 권의 책은 도서관에서 꼭 찾아 읽고 느낌이 어땠는지 저에게 메시지 남겨주세요. 그리고 무엇보다도 누군가 J씨에게 뻔뻔하게 요구하는 사람이 있다면 J씨도 뻔뻔하게 거절할 수 있다는 거 잊지 말아요.

그 후로 두 달 뒤, 그녀는 소개팅을 여러 차례 했지만 아직까지 정식으로 교제할 만한 남자를 만나지 못했다는 메시지를 보내왔다. 하지만 예전과 달리 자신을 무조건 낮추는 연애는 하지 않을 거라고 덧붙였다.

12

장모를 사랑한 사위의 비밀

◆

 벌써 5년이나 지난 상담이었지만 잊히지 않는 사연이 있다. 결론을 알지 못한 채 끝나버려서 어떻게 되었는지 궁금함이 남는 아쉬운 사례다.

 그날은 한낮이었고 점심을 먹으려던 찰나에 걸려온 전화를 받았다. 다소 긴장된 목소리의 주인공은 30대 초반 회사원이라고 자신을 소개했다. 연애 운을 보고 싶은데 조금 망설여진다고 하던 그는 한참을 뜸을 들이다 입을 열었다.

 "2년 전 결혼을 했고요, 좋아하는 사람이 따로 있어요."

 "좋아하는 분은 어떻게 만나셨죠?"

 "저……, 그게 제 아내와 가까운 사람이에요."

 "얼마나 가까운 관계인지 여쭤봐도 될까요? 친구인가요, 아님 친인척인가요?"

 그는 선뜻 대답하지 못했다.

 "말씀하실 준비가 안 되신 것 같은데 다음에 다시 전화 주셔도 됩니다."

"아니에요. 솔직히 말씀드릴게요."

"네, 편하게 말씀하세요."

"제 장모님이세요."

망설임 끝에 내뱉은 그의 대답은 충격적이었다.

"많이 놀랍네요. 그런데 연애 운을 보고 싶다고 하셨는데 장모님과의 관계에 대해서 보시려는 건가요?"

"네, 맞아요."

"그럼 장모님도 사위인 선생님의 마음을 알고 있나요?"

"네, 창피한 얘기지만 서로 좋아하는 상태예요."

순간 현기증이 났다. 혼자서 장모님을 연모하는 것도 아닌 서로 좋아하는 상황이라면, 심각한 문제가 아닐 수 없다. 웬만큼 강력한 사연들 앞에서도 이런 느낌을 받은 적은 없었다. 무엇보다 이 문제를 타로로 어떻게 봐야 할지 난감했다.

"아내분은 전혀 모르고 계신 거죠?"

"네, 아내가 공무원인데 3개월 전에 지방 발령이 나서 그때부터 주말부부로 지내거든요. 장모님과는 집사람이 지방으로 가고 난 뒤에 가까워진 거라 눈치챌 수 없었을 거예요."

장모님과는 스무 살 차이가 난다고 했다. 아내와는 소개로 만나 약 8개월 후 결혼했고 수다분한 성격의 아내와는 성격적으로 부딪힌 적 없이 원만하게 지냈다고 한다.

나는 우선적으로 질문해야 할 것들이 있었다.

"장모님을 처음 봤을 때 어떤 느낌이 드셨나요?"

"큰언니가 아닌가 싶을 만큼 되게 동안이셨어요. 수줍음도 있으셨고요."

"불안한 느낌 같은 건 없으셨나요?"

"조금 있었던 것 같아요. 왠지 모르게⋯⋯. 그래도 그땐 이렇게 이성적으로 좋아하게 될 거라는 생각 자체를 못 했어요."

나는 두 사람 관계의 이면을 잠시 들여다보기 위해 카드를 펼쳤다. 갑작스런 사고를 뜻하는 카드와 성적 충동을 의미하는 카드가 나왔고 나는 이 카드의 조합을 두 사람이 함께 있던 공간에서 우발적으로 벌어진 접촉으로 추론했다. 처음에는 장모님의 접근이 있었던 것으로 나왔고 현재는 사위인 그가 장모님과의 관계에 중독되어 있는 것으로 보였다. 잠시 타로 풀이를 듣고 난 그는 장모님과 육체적 관계가 있었음을 고백했다. 그는 당시의 상황을 이렇게 설명했다.

딸이 지방으로 거처를 옮긴 뒤, 어머니는 홀로 지내는 시간이 많았다. 남편과는 오래전 사별한 상태였다. 한 동네에 사는 사위를 자주 불러 저녁밥을 해주고 함께 마트에 가서 장도 보았다.

어느 늦은 저녁, 그녀는 혼자 술을 마시다 사위에게 전화를 걸었다. 그날따라 장모의 목소리가 좋지 않아 걱정이 된 그는 곧바로 장모의 집으로 갔고 쓸쓸히 식탁에 앉아 술을 마시는 장모님이 안쓰러워 보였다고 했다. 그녀는 사위에게 자신이 얼마나 외롭고 우울한지 몇 시간을 한탄하다가 끝내 울음을 터트렸고 사위는 장모님을 안아주었다.

일반적인 남녀관계라면 충분히 일어날 수 있는 일이지만 이 둘은 일반 남녀가 아니다. 아무리 외로워도 자기 딸의 남편인 사위에게 접근하는 것이 가당키나 한 일인지 나 역시 그런 생각을 했고 시간이 지난 지금도 완벽히 이해되지 않는다. 하지만 말도 안 되는 사건은 이미 일어났고 어쩌면 이보다 더한 일들도 우리가 모르는 사이 일어나고 있다는 것을 알기에 어떻게든 내담자의 엉켜버린 실타래를 조금이라도 풀어내야 했다.

"선생님은 앞으로 장모님과 어떻게 하고 싶으세요?"

단도직입적으로 물었다.

"정말 말도 안 되는 생각이지만 저는 그냥 이대로 끝까지 가고 싶어요."

"지금 상태를 지속하고 싶다고요?"

"아내가 알게 될까 봐 불안하긴 한데, 솔직히 장모님이 저와의 관계를 없던 일로 하실까 봐 오히려 그게 더 불안해요."

"이혼하면 장모님을 못 보게 될까 봐 두렵다는 말씀이죠?"

"네, 맞아요."

아내와의 이혼 자체보다 혹시라도 장모님과의 연애에 변수가 생길까 봐 걱정하고 있었다. 그는 이 불안한 연애를 계속 해 나갈 수 있을지 알고 싶다고 했다.

"오래가지 못할 것 같아요."

"네? 아내가 알게 되나요?"

"아니요. 타로로 본 제 느낌으로는 동네 사람이나 지인 분들께 발각되실 확률이 높겠어요."

"아무에게도 안 들킬 방법은 없을까요? 제가 나쁜 놈이라는 거 잘 알아요. 그런데 장모님과 관계를 정리하기에는 너무 멀리 왔어요. 누군가를 이렇게까지 좋아한 적은 처음이에요."

"글쎄요. 두 분의 관계가 부도덕한 건 둘째 치고 과연 장모님을 온전히 좋아하시는 마음인지에 대해선 의문이네요."

"장모님에 대한 제 마음이 진심이 아닐 수도 있단 말씀인가요?"

"네, 진심으로 좋아하셨다면 아내와 헤어지셨겠죠. 선생님은 아내와 헤어지는 것도 싫고 장모님과 감정을 정리하는 것도 싫은 거잖아요?"

그는 장모님과의 관계를 이어가기 위해 아내와 헤어지지 못하는 것으로 생각하고 있지만 심리타로에서 내가 해석한 결과는 정반대였다. 나는 그가 아내와의 관계를 이어가기 위해 장모에게 이끌리는 것이라고 해석했다. 말하자면 그는 성적 욕망보다 안정적인 생활을 더 중요하게 여기는 사람이다. 그러면서 한편으로는 욕망도 내려놓지 못하는데, 욕망이 채워지지 않으면 무료한 결혼생활을 지속할 자신이 없을 것 같았다는 것이다.

그는 아내에게 성적으로 전혀 끌리지 않는다고 했다. 아내와는 코드도 잘 맞고 편했지만 속궁합이 맞지 않아 결혼을 해야 할지 고민했다고 한다. 안정적인 직업에 싹싹하고 착한 아내와 서둘러 결혼할 것을 가족과 주변 사람들이 부추겼다. 그렇게 결혼한 지 얼마 지나지 않아 권태기가 찾아왔고 그런 와중에 아내가 지방 발령을 받은 것이다.

평소 나이가 자신보다 많은 연상 여성에 대한 호기심이 많았던 그는 자신을 유혹해오는 아내의 어머니를 뿌리치지 못했다. 그는 아내와 헤어지고 싶지 않았다. 만약 둘 중 한 명을 고르라면 그는 아내를 선택할 것이다.

"만약 아내와 헤어지고 장모님과 같이 산다면 어떠실 거 같으세요?"

그는 기습적인 내 질문에 당황한 듯 보였고 아무 말 없이 한숨을 내쉬는 소리가 들렸다. 나는 이어서 물었다.

"지금처럼 애달프게 좋을까요?"

"아뇨. 그런 생각은 안 해봤는데 그렇게 되면 뭔가 기분이 이상할 것 같아요."

첫 상담은 그렇게 끝이 났고 며칠 후 그는 다시 전화를 걸었다.

"선생님, 머리가 복잡해요. 대체 저희 장모님은 왜 저를 좋아하신 걸까요?"

"심리적으로 설명하자면 복잡한 원인들이 있어요. 지금 다 말씀드릴 수 없지만 선생님과 장모님은 각자 비슷한 결핍이 있으신데 두 분은 그 결핍된 부분을 한눈에 알아보신 결과에요."

"저를 남자로서 좋아하신 건 맞나요?"

"좋아했다기보다는 이끌린 것으로 보여요. 장모님에게도 자극제가 필요했고 사위인 선생님이 자기 삶에 훅 들어온 거죠."

"제 아내에게 미안한 맘은 있을까요? 저는 너무 미안한데."

"장모님께서 미안한 맘을 조금이라도 갖고 계신지는 모르겠어요. 분명한 건 딸보다는 자신이 먼저라는 것이에요."

그는 첫 상담 이후 조금 달라져 있었다. 장모와 자신의 관계에 대해서만 질문하던 그가 아내와 장모의 관계를 생각하기 시작했다. 세 명의 관계를 동시에 바라보게 된 것이다.

"제가 만약 아내한테 이 사실을 고백하면 저희 부부는 어떻게 될까요?"

"고백하고 싶으신 거예요? 왜죠?"

"말할 용기는 없는데, 혹시라도 들키는 것보단 나은 것 같아서요."

"왜 들키는 것보단 낫다고 생각하세요? 절대 그렇지 않아요. 들킬 때 들키더라도 그냥 가만히 계세요."

"왜요?"

"선생님 입으로 직접 얘기하시면 아내분이 충격 받아서 어떤 위험한 행동을 할지 몰라요. 그럼 감당하실 수 있어요? 선생님 체면이 아내보다 중요하세요?"

"그건 당연히 아니죠."

"말하지 않으면 아내가 몰라요. 절대 말씀하지 마세요. 아내 입장에선 선생님이 밖에서 다른 여자와 백 번 바람피운 게 지금 이 상황보단 훨씬 덜 괴로울 거예요."

"끝까지 숨겨야겠네요."

"네. 그렇다고 숨긴 채로 계속 이 상황을 이어가면 안 되고요."

그는 노력해보겠다는 말과 함께 장모와의 관계가 정리되면 연락을 하겠다고 했다.

나는 마지막으로 그에게 말했다.

"혹시 모르니 장모님께도 일러두시는 게 좋을 거예요. 그 어떤 경우에도 딸이 알아선 안 된다고요."

"네, 알겠습니다."

상담이 끝나고 찜찜한 기분을 떨칠 수 없었다. 딸이 엄마와 남편의 관계를 알게 되는 날이 올까 봐 걱정이 됐다. 그리고 자꾸만 뇌리를 스치는 한 가지 의문이 있었다.

'장모는 딸의 친엄마가 맞을까?'

진실을 유추해내기에는 정보가 너무도 부족했지만 아내의 행동과 장모의 행동을 조금 더 파고들 필요가 있었다. 뒤늦게 혼자 카드를 펼쳤다. 아내의 어머니 자리에 성격이 전혀 다른 두 어머니가 존재하는 결과로 봐서는 친모가 아닐 가능성도 있는 것으로 보였다. 다시 상담전화가 걸려온다면, 이 결과에 대해 더 논의해보고 싶었지만 끝내 전화는 오지 않았다.

 그는 자신을 지켜줄 것 같은 여성에게 호감을 느끼고 성에 대한 판타지 또한 강했다. 결혼 후 자신이 원했던 안정을 느껴도 성적 욕구를 채우지 못해 고심하던 그는 자신을 유혹하는 장모에게 끌렸다. 걷잡을 수 없이 관계의 늪에 빠져들었지만 그 당시엔 죄책감이 없었다. 아내와 장모를 동일시했기 때문이다. 어린 나이에 친어머니와의 관계가 단절되었던 그의 감정은 아버지에 대한 목마름으로 유부남에게만 끌리는 여성들의 심리와 비슷했다.

 첫 상담을 받은 후 조금씩 정신이 들기 시작하면서 그는 오히려 힘들어했다. 그를 포위하고 있던 환상이 조금씩 깨지기 시작했기 때문이다. 그가 이성을 찾고 현실을 바로 보게 된 것은 다행스런 일이지만 죄책감을 덜기 위해 아내에게 사실을 고백하게 될 위험도 있어서 그 부분이 아직까지도 우려스럽다.

 부디 그의 장모가 아내의 친어머니가 아니길 바란다. 그래야만 아내가 혹여 사실을 알게 되더라도 정신적 고통이 덜하기 때문이다. 나는 아직도 그의 연락을 기다리고 있고 차라리 다른 이유로 두 사람이 이혼하게 되었다는 소식을 꼭 듣고 싶다. 장모와의 감정이 깨끗이 정리된다 해도 아내를 기만했던 그는 아내와의 관계를 이어갈 자격이 없기 때문이다. 아니, 그렇게 이어가면 안 된다.

13

끊을 수 없는 집착, 중년 신사의 빗나간 사랑

◆

 4년 전, 무더운 여름날이었던 것으로 기억한다. 늦은 점심 식사를 마치고 얼음물을 마시며 쉬고 있는데 낯선 번호로 전화가 왔다. 보통은 문자로 문의가 오지만 우울증이 있거나 다급한 용무가 있는 내담자들은 가끔 전화 먼저 하기도 한다.
 "여보세요?"
 전화를 건 사람은 나이가 지긋해 보이는 남성이었다. 우연히 블로그를 보고 연락했다며 상담을 요청했다. 50대 후반인 그의 목소리는 점잖고 나긋나긋했다.
 나는 30분 뒤로 예약을 잡고 주변 정리를 한 뒤 다시 전화를 걸었다. 고민이라고는 없어 보일 만큼 여유로운 말투의 중년남자가 어떤 고민으로 전화를 했을지 궁금했다.
 "무슨 고민으로 전화 주셨나요?"
 "연애 운 좀 자세히 보려고 전화 드렸습니다."
 "네, 상황을 말씀해보시겠어요?"

"지금 사귀고 있는 애인이 변심을 했는지 영 반응이 시큰둥한데, 대체 무슨 꿍꿍이인지 궁금하네요."

그의 말에 의하면, 자신은 가정이 있고 애인도 자신과 같은 상태라고 했다. 교제는 2년 정도 했는데 정말 자신을 좋아하는 건지 아직도 모르겠다며 잔뜩 짜증이 나 있는 말투였다.

"카드를 잠시 뽑아봤는데 그분이 선생님께 불만족스러워하는 부분이 최근은 아닌 것으로 나오네요? 심적으로 불만스러운지는 작년 초부터였던 것으로 보여요."

"대체 그 불만이 뭐랍니까?"

"선생님, 혹시 그분과 돈거래 하시나요? 자꾸 돈 관련 카드가 나와서요."

"아뇨, 거래는 안하는데요?"

"그래요? 그럼 애인에게 돈 문제로 쪼잔하게 굴었다든지."

"아, 그렇게 나옵니까?"

"네, 그런데 선생님이 애인에게 금전적으로 투자를 한 느낌이라, 쪼잔하게 행동한 것과 어떤 연관이 있을까요?"

"거 참, 설명하려니 민망한데……. 네. 비슷하게 나오네요. 제가 애인과 사귀기 시작할 때 그 사람 상황이 어려워 보여서 생활비를 좀 줬어요."

"한 번만 주셨나요?"

"어쩌다 보니 계속 주게 됐죠."

"지금도 주고 계시나요?"

"그게, 제가 사업을 하는 사람인데 벌이가 항상 일정할 순 없잖습니까. 액수를 평소보다 줄여서 입금을 했죠. 그런 지는 2달 정도 됐고요."

"그렇군요. 그런데 애인은 그 돈과 관련해서 자신이 손해를 보는 듯한 기분을 느낀다는데."

"이래서 해줘봐야 소용없다니까. 한 번 도와줄 것을 여태 도와줬더니만 자기가 더 의기양양이네."

"선생님, 진정하시구요. 제가 하나만 여쭤볼게요. 그분과 조건적인 교제를 하시나요?"

"그런 걸 꼭 설명해야 합니까?"

"애인이 선생님을 좋아하는지 알고 싶다고 하지 않으셨나요?"

"그건 그렇죠. 그런데 그런 거 일일이 얘기 안 하고 보면 안 되나요?"

그는 연애 운을 자세히 보고 싶다고 했던 말과는 달리, 질문마다 짜증스러운 말투로 경계하는 태도를 보였다.

"제가 자판기도 아니고 질문만 하면 답이 뚝딱 나오긴 힘듭니다. 선생님께서 솔직하게 말씀해주셔야 저도 헤매지 않고 해답을 찾아나갈 수가 있어요. 그게 싫으시면 제가 잘 아는 박수무당이 있는데 연결해드릴까요?"

"괜찮습니다. 저는 신앙이 있는 사람이라 점집을 가긴 좀 그렇고요, 솔직하게 말하면 진짜 애인의 속내를 알 수 있다는 거죠?"

"네, 노력해볼게요."

"사실은 제 애인이 남자예요. 그런것까지 나타나지는 않는가 봐요?"

그의 입에서 흘러나온 말에 조금 놀랐다. 타로에 나온 상대 애인의 인물카드 성향이 줄곧 여성으로 나왔기 때문이다.

"네, 이성인지 동성인지는 여기에 나온 인물카드만으로는 식별이 어렵구요, 그 대신 그분이 여성성이 강한 분이라는 건 알 수 있겠네요."

"맞아요. 자기 부인보다도 여성스럽긴 합니다."

"네. 그런데 선생님, 그분이랑 오래갈 것 같으세요?"

"그건 제가 물어봐야지요. 오래가겠습니까?"

"네. 오래갈 수 있어요."

"그래요?"

"돈만 주면 평생 갈 수도 있는 거죠. 모르셨어요?"

"그럼 그 사람은 제 돈을 보고 만난다는 겁니까?"

"……"

나는 선뜻 그렇다고 말하지 못했다.

잠시 후 그는 사업장에 손님이 왔다며 서둘러 전화를 끊었다.

그는 자신과 애인이 거래성 관계라는 것을 알고 있지만 인정하고 싶지 않은 눈치였다. 다시 전화가 걸려온 것은 며칠 후였다.

"지난번엔 실례했습니다. 그런데 돈을 언제까지 줘야 된답니까? 제 애인한테 말예요."

"언제까지 주느냐의 문제도 그렇지만 액수의 문제도 있어요. 애인은 돈을 6개월 단위로 올려주길 바라는 듯한데, 괜찮으시겠어요?"

"그건 당연히 안 되죠."

"돈이 인상되는 것을 상당히 기대했던 것 같은데 올려주기는커녕 두 달을 상의도 없이 줄여서 보내셨으니 그분은 섭섭할 수밖에요."

"할 말이 없네요."

"선생님은 어떻게 하고 싶으세요?"

"저야 뭐 그냥 애인으로 쭉 지냈음 싶죠."

"지난번 상담 때 타로에서 두 분 관계가 조건적인 만남처럼 비춰졌는데 이번엔 솔직하게 말씀해주실 수 있는 거죠?"

"아, 그게 100% 인정할 순 없지만 어느 정도는 수긍합니다."

"네. 그럼 카드를 이어서 뽑아보겠습니다."

잠시 후, 결과가 나왔다.

"선생님, 애인은 돈이 아니면 지금의 만남에 의미가 없다고 합니다. 그분은 지금도 기다리고 있는 것 같아요. 차라리 먼저 물어보시는 건 어떠세요? 돈이 아니면 만나주지 않을 건지요."

"그걸 물어보면 영영 끝나는 거잖아요."

"그분이 만약 그렇다고 하면 끝나는 거죠. 그렇게 해서 그분 마음을 확인하실 수 있잖아요. 아니면 선생님이 이전처럼 계속 생활비를 주고 관계를 유지해야죠."

"제가 어떻게 하면 좋겠습니까?"

"선생님은 제가 어떻게 하라고 해도 어차피 제 말 안 들으실 거예요."

"거 참, 난감하네요."

그가 난감해하는 이유는 단 한 가지였다. 애인과 섹스 파트너로 지내고 싶지만 어느 시점부터 돈이 아까워진 것이다. 애정이 없어도 섹스만 할 수 있다면 좋겠는데 돈에 길들여진 애인은 그것을 절대적으로 용납할 수 없다고 하니 그는 좌불안석일 수밖에 없는 상황이다. 타로를 보지 않아도 이미 답은 나와 있는데 그는 자신이 원하는 답이 내 입을 통해 나오기를 기대하고 있었다.

한참을 궁리하던 그는 질문했다.

"그럼 제가 돈을 이전만큼 줄 수 없는 사정을 잘 얘기하고 반으로 줄여서 준다고 하면 받아들일까요?"

"아뇨. 안 통해요. 돈 문제만큼은 타협이 힘들어요. 사정 얘기하시면 애인이 오히려 기분 나쁜 내색을 대놓고 할지도 몰라요."

그는 어떻게든 애인과의 관계를 이어나가고 싶어 했다. 약 2개월 동안 일주일에 한 번씩 같은 문제로 상담을 요청했던 그에게 나는 결국 더 이상의 상담은 의미가 없음을 말해주었다.

"혹시 선생님은 애인과 잠을 자지 않으면 불안하세요?"

마지막 상담에서 나는 물었다.

"그렇다고 봐야죠."

그의 대답을 듣고 나서, 성 중독에 빠져 고민하던 40대의 한 남성이 떠올랐다. 아내와의 이혼 후 공허한 마음을 달래려 유흥업소를 출입하던 그는 본래 성에 무딘 자신이 이렇게까지 섹스에 집착하게 될 줄 몰랐다고 말했다.

아내와의 섹스는 아주 평범했고 감흥도 없었고 그렇다고 다른 여성과 바람을 피우고 싶다는 생각도 들지 않았다고 했다. 그때 본 타로에서는 그가 오랜 과거에서부터 어떤 이유로 정신적 방황을 하고 있었지만 그것을 억누르고 오로지 성공만을 목표로 살아온 것을 느낄 수 있었다.

자신의 울타리가 깨지고 자유가 생기면서 얻게 된 쾌락은 그를 정신없게 만들었다. 그런데 일주일에 한 번씩 출입했던 그곳이 어느 시점부터 불안해지기 시작했다고 한다. 매번 큰돈을 지불해도 아깝지 않을 만큼 좋던 섹스가 왜 점점 불안한지 알 수 없어 나에게 상담을 의뢰했던 것이다. 그때 타로에서 보았던 불안함의 정체는 섹스에 대한 죄의식이 아니었다. 그는 더 큰 자극을 원하게 된 것이다. 친밀함이 전혀 없는 여성과 오로지 본능에 몰입한 섹스에 내성이 생겨 아내와의 감흥 없던 잠자리처럼 느껴지면서 불안했던 것이다. 더 큰 자극을 느끼지 못할까 봐, 행복하지 못했던 그때로 되돌아갈까 봐.

중년의 신사 역시 40대 남성처럼 쾌락의 늪에서 헤어나오지 못했다. 아니 나오려 하지 않았다. 자신의 정체성을 오로지 섹스에서 찾았기 때문이다. 그래서 불안했던 것이다. 그는 동성과의 잠자리에서 얻은 자극이 물거품처럼 사라지는 것이 두려워 타로를 보고 또 봐도 의문이 들었다.

"선생님의 성적 취향에 대해서 제가 논할 자격은 없어요. 그런데 그건 아셔야 해요. 단순히 성적인 쾌락에만 의지하시면 나중에 크게 병이 와요. 정신이랑 몸으로요."

"그게 어째서 병이 온다는 겁니까?"

"성 중독도 일종의 자기학대니까요. 알코올 중독이나 마약 중독처럼요."

나는 더 이상 설명하지 않았고 상담은 그렇게 끝났.

성에 대한 불안함을 호소하는 사람들이 늘고 있다. 내담자들이 처음부터 불안을 호소하진 않는다. 상담을 하는 동안 실마리를 찾는 과정에서 읽혀지는 것이다. 그들은 성적으로 몰입된 상태에서 깨어나기는 싫은데 그대로 있는 것이 괴롭다고 말한다.

커다란 자극 이후에 오는 잔잔한 일상 속에서 견디기 힘들 만큼 공허함이 밀려온다. 섹스를 벗어나면 내가 누구인지, 왜 여기에 존재하는지 혼란을 겪고 다시 쾌락 속으로 들어가고 싶어 한다. 알코올 중독은 치료가 힘들지만 치료가 불가능한 것이 아니듯, 성 중독 또한 그렇다. 다만 고치고 싶지 않을 뿐이다.

무언가에 중독되어 있으면 옳고 그름을 떠나 그냥 그 자체가 좋기 때문에 바꾸려 하지 않는다. 그래서 중독 치료를 돕기 위해 일정 기간의 심리 상담을 권하면 내담자들은 도망가버린다. 그동안 다져온 유일한 탈출 통로에 위협을 가한다고 느끼기 때문이다.

중년의 신사 내담자는 그 후로 6개월에 서너 차례 정도 같은 문제로 상담을 받았고 한 달 전 마지막 상담에서, 처음으로 애인과의 불안정한 관계를 정리하고 싶다는 뜻을 밝혔다. 그는 더 이상 쾌락에 의존하고 싶지 않다고 했다. 그 대신 애인에게 줄 돈으로 골프를 배우고 등산 장비를 마련할 계획이라며 호탕하게 웃었다.

14

운명이라 믿었던 그녀가 달라진 이유

♦

 여자친구와 이별 후 괴로움을 호소하던 한 청년이 있었다. 30대 초반의 남성 내담자는 훤칠한 키에 조금 강해 보이는 인상을 갖고 있었다. 그는 평소 자신의 강한 인상에 대해 불만이 많다고 하면서 자신은 생김새와는 달리 마음은 여린 사람이라고 했다. 특히 연애 문제에 있어서는 더욱 그렇다고 말했다. 그런데 여자친구와 헤어져서 방문했다던 그는 본격적인 상담이 시작되기 전 말을 바꿨다.

 "여자친구와 확실히 헤어진 게 아니에요?"

 "네, 서로 연락을 안 한 지는 2개월 접어들었는데 그러니까 딱 헤어지기로 한 건 아니고 제가 연락을 주기로 했었어요."

 "그게 정확히 어떤 상황이죠?"

 그는 어떻게 말해야 좋을지 정리가 안 되는 듯했다.

 "바로 말씀하기 힘들면 두 분이 만난 시점부터 차근차근 얘기해보세요. 혹시 그동안 다른 사람을 만나볼 생각은 없으셨어요?"

"네. 주변에 소개시켜줄 만한 사람도 없고 제가 모임 같은 데 나가서 사람들이랑 어울리는 성격도 아니라서요."

"낯을 많이 가리시나 봐요. 그러면 헤어진 여자친구는 어떻게 만나신 거예요?"

"그게 정말 신기하게 만났어요. 저희 집으로 택배가 잘못 와서 제가 전화해서 찾아줬거든요? 그런데 다음 날 고맙다고 저한테 커피 쿠폰을 톡으로 보냈더라고요."

"그분이 승민 씨 번호를 저장했군요."

"네, 그런 거죠. 그때부터 톡을 계속 주고받았어요. 저희 집 옆 동에 살았는데 편의점 가다가 한번 마주친 적 있거든요. 제가 마침 이사온 지 얼마 안 된 동네라 그때 이것저것 물어봤어요."

"뭔가 드라마 같은 인연이네요."

"맞아요. 게다가 저희 둘 다 솔로였어요. 그것도 각자 애인이랑 헤어진 지 얼마 안 된 상태였고요."

택배 일을 계기로 급속도로 가까워진 두 사람은 서로의 집을 오가며 약 8개월간의 연애를 이어간다. 그리고 어느새 두 사람은 결혼 얘기까지 오갔고 부모님께 인사를 드리게 된다. 예기치 않은 문제가 생긴 건 그 이후였다.

"여자친구가 아이를 갖지 못한다는 사실을 전혀 모르셨다는 거죠?"

"네, 그런데 조금 이상하다 싶은 적은 있었어요."

"그게 언제죠?"

"저희가 결혼을 전제로 사귀는 거긴 했지만 만약 실수로 아이가 생겨서 결혼하는 건 제 입장에선 좀 부담이었거든요. 그래서 콘돔을 계속 썼어요. 한번은 강원도로 같이 휴가를 갔었는데 그날 제가 모르고 콘돔을 놓고 갔어요. 그래서 여자친구에게 '나 콘돔 빼놓고 왔는데 어떡하지?' 했는데 괜찮다는 거예요. 임신될 일 없다고요. 임신기간이 아닌 걸 본인이 잘 아니까 그렇게 얘기하는 줄로만 생각했죠. 그래도 내심 찜찜하긴 했는데 그 후에도 비슷한 일이 또 있었던 거죠."

"보통 임신문제는 여자 입장에서 걱정하고 조심하는 부분인데 승민 씨는 나름 책임감도 있고 준비가 철저한 분 같네요. 그런데 여자친구가 아이를 갖게 될까 봐 걱정이 돼서 피임을 하신 건데 한편으론 또 결혼했을 때 임신이 안 될까 봐 걱정되시는 거잖아요? 그럼 승민 씨는 반드시 아이는 낳아야 한다는 생각을 갖고 계신 거네요?"

"네, 맞아요. 제가 삼형제 중 막내인데 형들은 다 결혼하고 저만 남았거든요. 부모님이 항상 저한테 결혼해서 아이를 빨리 갖는 게 좋다고 입버릇처럼 말씀해오셨어요. 그런데 꼭 부모님 때문은 아니고 제가 애를 너무 좋아해요. 아이 없는 결혼 생활은 상상도 해본 적이 없어요."

아이에 대한 그의 생각은 확고해보였다. 여자친구가 건강상의 이유로 아이를 가질 수 없다는 사실을 알게 되기 전까지 그는 궁금했지만 혹시나 상처가 될까 봐 물어보지 않았다.

"여자친구분이 고백해서 알게 된 건가요?"

"네, 비슷한 상황을 두 번 겪고 나서 제 태도가 좀 달라 보였는지 여자친구도 눈치를 봤던 것 같아요. 어느 날 집에서 같이 있는데 마침 TV에서 저출산 문제랑 불임에 대한 얘기가 나오더라고요. 그때 말했어요. 오빠는 만약 내가 아이를 못 낳으면 어떻게 할 거냐고."

"뭐라고 대답하셨어요?"

"저도 모르게 '왜? 혹시 저게 네 얘기야?'라고 했어요."

"여자친구가 많이 당황했겠는데요?"

"당황했죠. 저도 그렇게 말하면 안 되는데 그 순간엔 뭔가 저를 테스트하는 것 같아서 기분이 언짢았던 것 같아요."

"그렇게 느끼셨을 수 있겠네요."

"저는 여자친구가 그런 비밀을 갖고 있었다는 것 자체도 화가 나지만 제가 평소에 아이를 얼마나 예뻐하는지 알면서 그 사실을 숨겼다는 게 용납이 안 됐어요."

"그러면 승민 씨는 처음 사귈 때부터 여자친구분이 그 사실을 말해줬어야 했다는 건가요?"

"그래야 되는 거 아닌가요?"

"글쎄요, 여자친구 입장에서는 승민 씨랑 계속 사귀게 될지 어떨지 알 수 없는데 처음부터 자기 치부를 드러내기는 쉽지 않았을 것 같은데요."

"그래도 해야죠. 그렇게 중요한 문제를."

그는 엉겁결에 듣게 된 그녀의 고백이 지금 생각해도 충격이라고 했다. 그녀는 초등학교 시절 교통사고를 당한 경험이 있었다. 병원에 입원했을 당시 검진 과정에서 선천적으로 평생 동안 아기를 가질 수 없다는 소견을 들었다고 한다. 그녀의 심리 상태를 잠시 보기 위해 타로 카드를 펼쳤다. 남자친구를 애타게 기다리면서 극심한 스트레스를 받고 있는 듯했다.

"생각할 시간을 너무 오래 갖고 계신 건 아닌가요? 기간을 정해두신 거예요?"

"아뇨. 언제까지 연락을 주겠다는 말은 안 한 것 같아요."

"그건 상대방에 대한 예의가 아닌 듯해요. 날짜를 정해야 기다리면서도 덜 힘들죠. 여자친구분은 지금 승민 씨가 완전히 자기를 떠났다고 생각하는 듯해요."

"그땐 여자친구가 별말 없이 충분히 생각해보고 연락 달라고만 해서……."

"그러다가 다른 사람이 생기면 어쩌려고요? 최대한 빨리 결정해서 연락하시는 게 좋을 거예요."

"만약 연락하면 전처럼 잘 만날까요?"

"아뇨. 연락 한번 가지고는 안 돼요. 굉장히 겸손한 태도로 나가셔야 하고 여자친구분에게 얼마나 공들이냐에 따라 결과가 달라져요. 타로에 상대가 안 받아줘서 아무리 노력해도 안 되게 나오는 경우도 많아요. 그런데 두 분은 가능성이 있어요. 그분은 승민 씨가 어떻게 해주는지에 따라 받아들일 마음의 준비가 된 상황이에요."

그는 고민스러운 얼굴로 돌아갔다. 그리고 3주가 흘러 다시 방문했다.

"여자친구 만나봤나요?"

"네, 지난주에 만났어요. 그런데 여자친구가 그새 성격이 많이 바뀐 것 같아요."

"어떻게 달라진 거 같아요?"

"만나서 3시간 정도 얘기했는데 그 3시간 동안 눈을 안 마주쳐요. 말도 거의 저 혼자 하고……."

"처음 만나서 승민 씨가 10분 안에 어떻게 했는지 말해볼래요?"

"어떻게 지냈는지 물어보고, 많이 기다렸냐고 생각 많이 해봤는데 다시 만나기로 결정했다고……."

그의 말이 떨어지자 곧바로 그녀의 카드를 뽑았다. 당시의 그녀의 마음은 참담했다. 그녀는 그의 태도에 큰 상처를 받은 듯했다.

"전 솔직히 제 결정을 반가워할 줄 알았거든요. 고맙다고 말해줄 줄 알았어요."

"고맙다는 말을 기대하셨다고요?"

"네, 제가 잘못된 건가요?"

"승민 씨는 지금 어떻게 바라보고 계신가요? 서로가 동등한 관계라고 생각하시나요?"

"네? 그럼요, 동등하게 보죠."

"그렇다면 왜 여자친구분이 승민 씨에게 고마워해야 된다는 생각을 해요?"

"결혼해서 아이 없이 사는 건, 저에게는 엄청난 일인데 그걸 감수하고 돌아간 거니까요."

"그런 생각이면 안 돌아가는 게 낫지 않을까요? 뭐 하러 엄청난 걸 감수하면서까지 돌아가요?"

"그래도 그걸 감수할 만큼 그 사람을 좋아하니까요. 잘 맞는 부분들도 많고요."

"그럼 본인도 여자친구분의 좋은 점들이 아쉬워서 돌아간 거잖아요. 그런데 아이를 못 갖는 걸 감수했다고 해서 여자친구분이 승민 씨의 결정을 고마워해야 해야 할까요?"

"그 부분은 제가 할 말이 없네요. 제 행동이 많이 싫었을까요?"

"솔직히 승민 씨 보면서 내 입장 같은 건 안중에도 없는 사람이란 느낌을 받지 않았을까요? 나를 내보낸 직장 상사가 별안

간 찾아와서는 내 의견 같은 건 묻지도 않고 '너를 다시 쓰기로 했어'라고 통보하는 상황인 거죠. 그런데 승민 씨는 직장 상사가 아니라 남자친구잖아요."

"기분 나빴을 것 같아요."

"당연히 나빴겠죠. 그럼, 그날 결론은 어떻게 난 거예요?"

"자기도 생각을 해보겠다고 해서 알았다고 하고 헤어졌어요. 그런데 제가 맘에 계속 걸려서 전화를 했어요."

"전화해서 뭐라고 하셨어요?"

"잘 들어갔는지 물어보고, 오늘 너 행동이 많이 화난 사람 같다고, 지금이라도 할 말 있으면 다 말하고 풀었으면 좋겠다고 했어요."

"네, 그랬더니요?"

"저보고 애정이 식은 사람 같다고 하더라고요. 오랜만에 자길 만났는데 안아주지도 않고 같이 더 있자는 말도 안 했다고요."

"그 말 들었을 때 승민 씨는 여자친구분의 서운한 맘이 이해가 돼요?"

"아뇨. 좀 말이 안 된다고 생각했어요. 어떻게 바로 예전처럼 애정표현을 할 수 있겠냐고, 그리고 네 입장에선 내가 그렇게 하는 게 싫을 수도 있어서 조심스러워 그랬던 거라고 했죠."

"상대는 본인이 화가 단단히 났다는 걸 그렇게 표현한 것 같아요."

"오랜만에 만났는데 애정표현을 안 해줘서요?"

"아니죠. 연락을 안 하게 된 시점부터 지금까지요."

"잘 이해가 안 돼요."

"두 분이 성격이 안 맞는 문제로 생각할 시간을 가졌던 게 아니잖아요."

"그건 그렇죠."

"여자친구분은 수치심 때문에 화가 난 거예요."

"수치심이요? 제가 바로 아이 없으면 안 된다고 딱 자른 것도 아닌데 왜 수치심을 느껴요? 저도 생각할 시간이 필요하고 또 그렇게 말한 게 잘못된 건 아니지 않나요?"

"아니죠. 생각은 나중 일이고 먼저 여자친구분을 위로했어야죠. 그런 아픔이 있는 줄 몰랐다고, 그동안 얼마나 힘들었겠냐고 말해줬어야죠."

"……."

"일단 오늘은 여기까지 하시고 여자친구분을 한 번 더 만나고 나서 연락주세요. 아마 이번이 고비가 될 것 같네요."

"혹시 싸우게 될까요?"

"그럴 수도 있어요. 그런데 싸우는 건 둘째 치고 승민 씨한테 갈등할 만한 일이 생길 것 같은데 만나러 가기 전에 한번 잘 생각해보세요. 그분이 정말 승민 씨한테 없어서는 안 될 사람인지."

"어렵네요. 잘 생각해보고 만난 다음 연락드릴게요."

3일 후, 그에게서 다시 전화가 왔다.

"좀 황당한 일을 겪었어요."

"말씀해보세요."

"여자친구가 확실히 이상해진 것 같아요."

"어떤 부분이요?"

"맛있는 거 사줄 테니까 만나자고 했는데 시큰둥하더니, 대뜸 자기 소개팅 받기로 했다는 거예요. 그냥 저 엿 먹이려는 거겠죠?"

"진짜로 받는 걸 수도 있죠."

"하도 어이가 없어서, 나한테 화나서 그러는 거냐고 했더니, 자기가 힘들게 기다렸는데 막상 만나니까 저한테 맘이 없어지더래요. 그런데 마침 자기 친구 회사 동료가 여자친구 사진을 SNS에서 우연찮게 보고 계속 소개시켜 달라고 졸랐다면서."

"그래서 뭐라고 하셨어요?"

"알았으니까 소개팅 잘 하라고, 이미 결정난 거 아니냐고 했죠. 그러고 개도 알겠다고 하고 이제 끝이다 생각하고 끊었는데 10분쯤 있다가 다시 전화를 하더라고요."

"화내던가요?"

"네. 어떻게 그냥 끊을 수 있냐, 자기가 소개팅 한다는데 느껴지는 게 없냐고요."

"그간의 서러움을 토해냈네요."

"저는 큰소리 내는 것을 싫어하거든요? 여자친구의 그런 목소리는 처음 들어봐요."

"목소리가 어땠는데요?"

"평상시에 아무리 기분 나빠도 공격적으로 말하는 스타일이 아닌데 이번엔 되게 사나워 보였달까요?"

"달래주셨어요?"

"아뇨. 저도 열 받으니까 막 뭐라 했죠. 제가 더 화내야 할 상황 아닌가요? 어떻게 자기가 다시 전화를 해서 나한테 화를 내요?"

"솔직히 말씀드리면 여자친구분이 받은 데미지를 생각하면 크게 화내실 일도 아닌 것 같아요."

"……"

"잘 생각해보세요. 여자친구가 일부러 아이를 안 갖겠다는 것도 아니고 아이를 갖고 싶어도 가질 수 없는 상황이잖아요. 그건 당사자 스스로도 엄청난 스트레스였을 거란 말이죠. 그런데 자기의 결점을 감싸줄 줄 알았던 남자친구가 충격을 받고 생각 좀 해봐야겠대요. 기분이 어땠을 거 같아요?"

"……"

"상대가 과거에 결혼했다가 이혼했는데 말을 안 했다든지, 빚이 많은데 그걸 숨겼다든지 그런 문제가 아니잖아요. 자기 몸에 관련해서, 그것도 아이를 갖는 문제잖아요. 조금만 말 잘못해도 지울 수 없는 상처가 될 만한 거죠. 반대로 승민 씨가 무정자증이라고 생각해보세요. 아무리 사랑해도 아이를 만들 수 없는 남자는 생각해봐야겠다는 말을 들으면 쿨하게 알았다고 할 수 있을 것 같아요?"

그는 아무런 대답 없이 한참을 듣고만 있다가 겨우 입을 열었다.

"지난번에 여자친구가 수치심을 느꼈다고 하신 말씀이 생각나네요."

"네. 그분은 승민 씨 연락을 기다리는 내내 수치심을 느낀 거죠. '연락 안 오면 난 여자로서 끝이다. 제발 연락만 와라.' 했겠죠."

"저를 쓰레기로 봤겠네요."

그가 다시 돌아가려 했을 때는 이미 그녀의 마음이 반은 돌아선 상태였다. 나머지 반은 그의 태도에 따라 조금씩 변동이 가능했지만 여전히 자기 관념에 빠져 있던 그의 말과 행동은 그녀를 더 멀리 밀어내는 결과를 낳았다. 처음 그가 생각해보겠다는 말을 내뱉은 순간, 그녀는 한순간에 '결혼자격미달'이라는 생각으로 자기혐오에 빠졌을 수 있다. 아무리 자존감이 높던 사람도 충분히 무너질 만한 경험이다. 이번에 그가 연락했을 때 소개팅을 할 거라는 그녀의 말도 사실은 자존심 회복을 위한 자기방어였다.

"그런데 왜 굳이 소개팅을 한다고 했을까요?"

"그냥 소개팅을 할 거라고 한 것도 아니고 누가 여자친구를 적극적으로 소개해달라고 했다면서요. 아이는 못 갖지만 나는 얼마든지 다른 남자가 눈독들일 만큼 매력 있는 여자라는 걸 증명하고 싶은 거죠."

"말씀 듣고 보니 맞는 것 같네요. 죄송해요."

"저한테 뭐가 죄송해요?"

"같은 여자로서 제 얘기 듣는 동안 불쾌하셨을 것 같아요."

"저한테 죄송할 건 없어요. 승민 씨가 너무 자기 입장에만 몰입한 것 같아서 여자친구 입장도 알려주고 싶었어요."

"말씀 들으면서 느낀 점이 많아요. 그런데 제가 어떻게 해야 좋을지 모르겠어요."

"승민 씨는 여자친구의 어떤 점이 제일 좋았어요?"

"착한 거요. 남자 능력 먼저 보고 그런 여자들도 많잖아요. 그런데 여자친구는 여우같은 면이 없어요. 제가 나중에 결혼하면 부모님 모시고 살고 싶다고 말한 적이 있어요. 보통 여자들 같으면 말도 못 꺼낼 얘기잖아요. 그런데 여자친구는 좋다고 했어요."

"그분은 어떻게든 승민 씨한테 맞추기 위해서 노력했네요. 한 번도 같이 살아본 적 없는 어른들을 모시고 살겠다는 건 기꺼이 희생하겠다는 얘기예요. 부모님을 모시는 게 정말로 좋다기보다 승민 씨한테 잘 보이고 싶고 사랑하는 남자가 원하는 걸 들어주고 싶은 맘이 더 큰 거죠."

그는 한숨을 내쉬며 자신 없는 듯 내게 물었다.

"너무 늦었겠죠?"

"아이 없이도 괜찮을 수 있으면 다시 돌진 해봐요. 지금 전화해요. 내가 너무 이기적이었다고 하세요. 소개팅 할 건지는 묻지도 말구요. 그냥 진심만 전달하고 기다리겠다고 하세요."

"네, 알겠습니다."

다음 날 저녁, 그는 내게 한 통의 메시지를 남겼다.

― 선생님, 여자친구랑 화해했어요. 소개팅 취소했대요. 조만간 다시 연락드릴게요. 정말 감사합니다!

혼전 불임문제로 갈등을 빚는 커플은 처음이지만 가끔 불임 때문에 이혼 위기에 처한 부부들을 만난다. 그럴 때 반사적으로 떠오르는 의문이 있다. 내 애인이나 배우자가 아이를 갖지 못하는 이유로 관계에 커다란 문제가 생기는 거라면, 그래서 헤어지는 것을 고려해야 한다면 과연 상대를 사랑한 게 맞는 건지에 대해서 말이다. 애초에 결혼이라는 것은 2세에 관한 변수까지도 감안할 수 있는 사람들만이 해야 하는 것인지도 모른다.

 아이가 없어도 잘 살아갈 수 있는 여성, 혹은 남성들이 상대의 말 때문에 느끼지 않아도 될 수치심을 느끼며 살아가는 것은 안타까운 일이다.

 그녀가 아이를 못 갖는 문제로 이전에 만난 남자들과의 사이에서도 같은 경험으로 상처를 받았다면 얼마나 힘들었을지는 쉽게 짐작할 수 있다. 그녀가 남자친구에게 소개팅을 하겠다는 말로 모욕감을 주고 싶었던 건, 자신이 어쩔 수 없이 마주해야 했던 현실이 가져다준 비참한 기분을 어떻게든 빨리 되갚고 끝내려 했던 것인지 모른다. 그렇게라도 하지 않으면 무너진 자존심을 회복할 길이 없다고 여기기 때문이다.

 두 사람이 화해를 했다고 해서 해피엔딩을 확신하진 않는다. 언제 또 관계에 균열이 생길지는 알 수 없다. 그러나 만약 그 상태로 헤어졌다면 그들은 평생 동안 서로를 증오하고 그리워하며 지냈을지 모른다. 진심으로 좋아했다면 말이다.

◆

"선생님 저 기억하세요? 작년에 홍대에 오셨을 때 상담 받았던 윤희재예요. 혹시 내일 시간 되세요? 제가 천안으로 방문할게요."

감기 기운이 있어서 약을 먹고 일찍 잠들었던 날, 밤 10시쯤 와 있던 그녀의 문자를 새벽녘에 확인했다.

작년에 서울에 타로 행사 이벤트를 갔을 때였다. 요가 강사인 그녀의 첫인상은 강렬했다. 군살 없는 몸매를 한껏 드러낸 파란색 미니 원피스에 화려한 귀걸이를 했던 그녀는 맨얼굴에 포인트로 바른 붉은 립스틱이 세련돼 보였다. 그날 그녀와 짧은 시간 동안 대화를 나누면서 그녀의 고민을 들었다. 그녀는 남자들이 처음엔 적극적으로 다가오다가 금방 시들해지는 이유가 뭔지 궁금하다고 했다. 이제는 어떤 남자가 좋은 남자인지 모르겠다며 썸남 말고 진짜 인연을 찾고 싶은데 아무래도 힘들 것 같다고 했다.

그녀는 비슷한 문제로 나를 찾아왔지만 이번에는 썸남이 아닌 정식으로 사귀는 남자에 대해 고민하고 있었다.

"어떻게 지냈어요? 썸남 만날 때보다 안색이 별로네요?"

"네, 유쾌하지 않아요. 제 성질이 원래 더러운 건지, 남자들을 계속 잘못 만나서 더러워진 건지 분간이 안 가요."

"그래요? 상대에게 계속 성질을 부리게 돼요?"

"예전에는 장난 아니었죠. 그런데 이번에 만난 사람에게는 최대한 화를 참고 있어요."

"왜 참아요? 화가 날 만한 이유가 있을 거 아녜요."

요가를 가르치는 회원의 소개로 만난 남자였다. 헬스장을 운영하는 두 살 연하인 그는 훤칠하고 잘생긴 얼굴로 헬스장 회원들에게 인기가 많았다. 그녀는 자신의 회원에게 소개 받는 것이 부담스러워 몇 주간의 고민 끝에 그를 만났고 둘은 소개팅을 한 당일부터 교제를 시작했다.

"그래서 화내는 걸 자제한 거예요? 회원 분이 소개해준 거라 신경쓰여서?"

"네, 제 회원 아주머니가 그 헬스장을 몇 년 동안 다녀서 그 사람이랑 친해요. 혹시나 제가 지랄맞게 하면 그 아주머니 귀에 들어갈 수도 있어서요."

"맘에 걸리는 이유가 그거 하나예요?"

"사실 제가 너무 좋아해요. 지금까지 썸남 포함해서 만난 남자들 중에 이렇게 끌렸던 사람은 없었어요."

"그렇게 맘에 드는 남자를 잃을까 봐 이미지 관리한단 얘기네요?"

"네, 솔직히 이 남자랑 헤어지면 더 이상 연애할 만한 남자가 없을 것 같아서요."

"그러면 계속 화를 참아야 되잖아요."

"헤어지는 것보단 나으니까요."

그녀는 이번 연애가 뒤틀려 버릴까 봐 예민하고 불안한 상태였다. 적어도 2년 안에는 이 남자와 잘 만나다가 결혼하고 싶은데 그렇게 되지 못할까 봐 걱정하고 있었다.

"그 사람이 왜 좋아요?"

"스타일이 세련되고 웃는 게 매력 있어요. 그런 사람이 적극적으로 나오니까 정신을 못 차리겠더라고요. 그런데 요즘은 그게 진짜 모습인지 의심돼요."

"왜요? 최근에 전혀 다른 모습을 보였어요?"

"네, 사람이 좀 이상해요."

"제대로 얘기해보세요."

"그 남자 헬스장이 저희 집에서 가깝거든요. 자기 집보다도 가깝다 보니 거의 저희 집에서 있는 날이 많아요. 그런데 헬스장 갈 때 말고는 밖에 나갈 생각을 안 해요."

"왜 나가기 싫은지 물어봤어요?"

"네, 혹시나 헬스장 회원들이 볼까 봐 그렇다고 하더라고요."

"회원들이 보면 안 되는 거예요?"

"그냥 사생활을 보이는 거 같아서 싫대요."

"좀 말이 안 되네요. 데이트를 꼭 동네에서만 할 필요는 없잖아요."

"그러니까요. 왜 그런지 모르겠어요."

그녀의 이야기를 들으며 그가 어떤 성향인지, 이대로 진행되면 어떤 방향으로 나아갈지 체크하기 위해 카드를 뽑았다.

"희재 씨가 앞으로 더 힘들어지겠네요."

"지금보다 더요?"

"남자분은 겁이 너무 많고 불편한 걸 전혀 못 참아요. 희재 씨가 계속 눈치봐야 해요. 오래 만나기엔 문제가 많겠어요."

"제가 잘 달래고 설득하면 되지 않을까요?"

"달래고 설득하면 그 사람은 계속 도망가요. 맘고생만 하다가 끝나는 거죠."

"어디서부터 문제인지를 모르겠어요. 혹시 바람둥이는 아니죠?"

"그 사람은 바람피우고 싶어도 피곤해서 못 펴요."

"맞아요. 엄청 피곤해해요."

"남자친구 말투가 다정다감해도 그 사람 성격이나 가치관이랑은 전혀 별개로 두고 봐야 돼요."

그는 은둔 연애를 선호하고 여자친구가 불만을 제기하면 대화 자체를 회피하는 유형으로 보였다. 문제를 직시하지 않는 사람이다. 상대가 말하는 섭섭함이나 불만을 공격으로 받아들여 총알을 피해 잠시 피신했다가 다시 돌아온다. 그런 그를 그녀의 여린 성격으로 계속 감내하기는 힘든 상황이다.

그녀는 잠시 미간을 찌푸리며 생각에 잠기다 입을 열었다.

"사실 지금 그 사람 잠수 타서 연락이 없어요."

"이번이 처음은 아닌 거죠?"

"네, 세 번째예요."

"예전에 다시 연락이 왔을 때 한 번에 받아줬어요?"

"네, 거의 바로 전화 받거나 답했어요."

"앞으로는 바로 반응 보이지 말고 있어 봐요. 한 3일 정도 버티다가 답해요. 아주 짧고 평범하게."

"그렇게 하면 사이가 좋아질까요?"

"아뇨. 미안하지만 둘 사이가 막 좋거나 그럴 일은 없을 것 같아요. 희재 씨가 그 사람을 당장 놓지 못하니까 혹시라도 그 사람이 희재 씨를 위해서 달라질 수 있는 사람인지 보려는 것뿐이에요."

"네, 사이가 좋아지는 거 아니어도 헤어지는 것만 아니면 돼요."

"힘들어도 괜찮아요?"

"어차피 헤어져도 힘드니까, 우선 싫증날 때까지 만나는 게 나을 것 같아요."

그와 사이좋게 잘 지낼 수 없더라도 헤어지지만 않으면 된다는 생각은 그 사람 자체를 보지 않으려는 마음이다. 관계를 위해 자신의 욕구는 묻어두겠다는 것과 다름없다.

그녀는 돌아간 지 약 나흘 뒤에 전화를 걸어왔다.

"선생님, 이 사람 저한테 왜 이러는 걸까요?"

"연락 왔을 때 바로 받았어요?"

"3일은 제가 못 견디겠어서 하루 정도 있다가 답 줬어요."

그는 전과는 달리 그녀가 반응이 늦자, 연이어 톡을 보냈다고 한다. 그녀도 조급한 마음에 참지 못하고 다음 날 바로 전화를 걸었다. 내가 그녀에게 물었다.

"지금 상황이 얼마나 모호하고 부적절한지 얘기했어요?"

"네, 너는 대화를 싫어하는 것 같다고, 잠수 탄 이유가 뭔지 물어봤어요."

"이유를 말 하던가요?"

"제가 정색하면서 말하는 얼굴이 너무 싫대요. 좋게 얘기하지 않고 차갑게 말하는 것도요."

"화 한번이라도 내면 큰일나겠네요."

"제 말이요. 그리고 제가 밖에서 친구들이랑 술 마시는 것도 싫다고 했어요."

"남자분은 술을 전혀 못해요?"

"네, 아예 입에도 못 대요."

"희재 씨가 술을 줄이거나 끊을 맘이 없는 거면 한 잔도 못 마시는 사람을 어떻게 만나려고 한 거예요?"

"저는 그 사람이 술을 한 잔도 안 마시는 게 좋았거든요."

"술을 안 마시는 사람이 마시는 사람을 이해해줄 수 없는 거면 반드시 문제가 생기게 되죠. 이건 종교만큼이나 중요한 문제예요."

"네, 지금 보니 그러네요."

그녀는 이전까지 술자리에서 남자들을 만났고 술자리에서 대시를 받아왔다. 그렇게 맺어진 남자들과의 연애는 오래가지 않았다. 술이 취해 있을 때에만 다정했던 남자들은 그녀와 얼마간 만나 함께 술을 마시고 즐기다 연락을 끊었다. 그녀는 모든 게 '술을 좋아하는 남자들' 때문이라고 생각했다. 그래서 운동과 집밖에 모르는 이 남자가 더 좋아 보였고 진실한 사람일 거라고 생각했던 것이다.

"앞으로 어떻게 하고 싶어요?"

"일단 제가 힘드니까 연락은 하기로 했는데 가슴이 답답해요. 헤어지고 다른 남자 만나볼까 하는 생각도 들어요."

"정말 다른 남자를 만날 맘이 있어요?"

"만나려면 얼마든지 만나죠."

"어떤 사람을 만나고 싶은데요?"

"그냥 좀 잘생기고 저 좋아해주고 착한 사람요."

"연애를 좀 쉬는 게 어때요?"

"제가 외로운 건 못 견뎌서요."

그녀는 남자를 보는 기준이 구체적이지 않았다. 이야기를 나눌수록 그녀가 얼마나 허기만을 채우는 연애에 급급한지 느낄 수 있었다. 매번 연애할 때마다 자신의 야한 옷차림에 혹해서 대시했다가 연애가 시작되면 보수적으로 돌변하는 남자들도 많았다며 한탄했다.

"희재 씨는 그렇게 눈에 띄게 입지 않아도 충분히 튀는데 왜 그렇게 몸매를 드러내는 옷을 입어요?"

개인적으로도 내심 궁금했지만 아껴둔 질문을 던졌다.

"평범하게 입고 남자들 만나러 가본 적도 있는데 저한테 말은 잘 걸어도 들이대지 않더라고요."

그녀의 대답에 나는 한숨을 내쉬었다. 그녀에게 어떤 말을 해야 할까. 지금껏 그녀가 갖고 있던 관념은 고질적인 외로움을 잘못 해소해온 것을 증명하고 있었다. 잠시도 외로움을 견디지 못하는 그녀의 빈 공간을 채워줄 수 있는 사람은, 여성의 섹시한 몸을 탐하고 술 마시며 웃고 떠드는 것으로 공허함을 채우려는 남자들뿐이었다. 그녀는 그 속에서 진실한 사람이 대시하기를 꿈꿔온 것이다.

나는 그녀가 자신이 원하는 것을 가장 얻기 힘든 방식으로 남자들을 만나온 것에 대해 차근차근 설명했다. 술을 못 마신다는 현재의 남자도 예외는 아니었다. 그녀는 그를 전혀 모르는 상태에서 자신의 공간에 들였고 제멋대로 잠수타고 돌아오는 행동까지 수용했다. 그 행동이 일반적이지 않고 옳지 못하다는 것을 그녀는 알지 못했다. 자기 의견을 내세우는 여자가 아닌, 자신에게 안락함과 섹스만을 제공하는 여자를 원했던 그는, 애초에 그녀가 원했던 인물이 아니다.

그 사실을 이해시키기까지 석 달이 걸렸다. 일주일에 한 번씩 그녀와 상담을 하는 기간 동안 그는 습관적으로 그녀에게 집착과 무관심을 번갈아 보였고 그녀는 나의 조언을 듣고 그를 완전히 떼어내기 위해 그의 헬스장을 방문했다. 헬스 등록을 하기 위해 왔다는 그녀를 보고 놀란 그는 눈짓으로 그녀를 돌려보냈고 그 후로 그는 더 이상 그녀에게 연락하지 않았다. 그가 얼마나 남의 이목만을 신경쓰는 사람인지 알 수 있었다.

마지막 상담 날, 그녀에게 물었다.

"연락 안 오니까 허전하지 않아요?"

"그럴 줄 알았는데 의외로 속이 시원해요."

"가슴 아프고 그런 거 없죠?"

"네, 전혀요."

그녀는 혹시라도 그와 마주칠까 신경이 쓰여 다른 인근으로 이사 계획 중이라고 했다.

"선생님, 저 그냥 결혼 안 하고 혼자 살까 봐요."

"그것도 나쁘진 않죠. 그런데 굳이 내비게이션 설정을 그렇게 해요? 방향 정해놓지 말고 그냥 살아요."

"다 그놈이 그놈 같아서요."

"그놈도 그놈 나름이죠. 다 같지 않아요."

"네, 그동안은 제가 판단을 잘못해서 그런 남자들만 만난 것 같아요. 제 몸만 보고 넘어오는 것들은 다 병신이었더라고요."

외모가 예쁘다는 말을 듣고 자란 여성들은 의외로 자존감이 낮은 경우가 많다. 그 칭찬은 존재 자체에 대한 것이 아니기 때문이다. 자신이 예쁘지 않으면 사랑받을 수 없다는 생각이 무의식에 늘 깔려 있다 보니 이성을 만날 때도 칭찬 받아왔던 부분을 부각시켜 인정받으려 한다.

자신을 지극정성 아껴주던 남자친구가 갑자기 연락을 끊는 일이 발생하면 예쁜 여성들이 받는 상처는 생각보다 크다. 화려한 외모와 다른 모습들에 실망해서 떠난 거라는 생각이 얽매인다. 인간은 해석의 동물이다. 어떤 상황이든 거기에 자신의 해석을 덧입혀 스스로 납득하려 든다. 처음에는 상대를 원망하고 비난하겠지만, 결국 문제의 원인을 여성 자신에게로 돌린다.

그녀는 실루엣이 드러나는 옷을 입고 술을 마시러 가는 것이 유쾌하지 않았지만 청바지에 티셔츠를 입는 것은 왠지 시시하게 느껴졌다. 이미 오랜 시간 동안 관심에 중독되었기 때문이다.

오로지 관심받고 사랑받으려는 욕구는 사람 자체를 보는 시각을 흐리게 만들고 상대의 습성, 인간미, 진실함 따위는 뒷전으로 미뤄놓기 쉽다.

나는 이런 여성 내담자들에게 자신을 선택해줄 남자를 찾지 말고 직접 남자를 선택하라고 충고한다. 그러기 위해서는 사랑받으려는 마음 이전에 상대에 대해 아는 것이 중요하다. 내가 주체가 되지 않는 연애는 아무리 미모가 빼어나도 '을의 연애'로 흘러갈 수밖에 없다.

16 썸의 함정

♦

"희원아, 글쎄 그 아줌마 아들이 피부과 의산데 그 병원이 너무 잘 돼서 돈을 긁어모은다더라. 세금 안 내려고 현금을 자기 아는 집 금고에 차곡차곡 갖다 넣는다더라."

남의 일에 관심이 많은 우리 엄마가 하신 말씀이다. 나는 이렇게 대꾸했다.

"아, 그래? 그런데 그러면 뭐해. 돈을 써야지. 모으기만 하고 안 쓰면 그게 돈인가? 그냥 종이 쪼가리지."

남의 집 돈 잘 버는 아들이 어떤 방식으로 유용하게 돈을 쓸지는 알지 못한 채 나는 그렇게 빈정거렸다.

그 후로 며칠 뒤, 아는 동생이 톡으로 말을 걸어왔다. 2개월 전 소모임에서 만난 예쁘장하게 생긴 연하의 남자가 자꾸만 자기를 쳐다보고 예의주시한다고 자랑을 늘어놓기에 한마디 했다.

"그럼 뭐해. 관심 있음 말을 해야지. 관심만 보이고 액션이 없으면 무슨 소용이야?"

나의 냉소적인 대답에 동생은 멋쩍은 듯, "그건 그렇지"라고 대답했다.

남녀가 서로 관심을 보이고 썸을 타기 직전의 단계는 흥미롭고 달콤하다. 궁금하고 설레고 신비로운 기분을 느낀다.

연애 운을 보기 위해 상담 요청을 하는 내담자들 중, '썸 타는 남자의 속마음'에 관해 질문하는 경우가 재회 관련만큼 많다. 그런데 '썸 관계'라고 밝힌 여성 내담자의 궁금증을 풀어주기 위해 뽑은 카드에는 의외로 썸이 아닌 경우도 많았다. 여자 혼자만 '썸'이라고 생각하는 것이다.

남녀가 술자리에서 어울리다 보면 소위 '눈 맞는 광경'을 보게 될 때가 있다. 눈이 맞으면 바로 썸을 타거나, 한 사람이 용감하게 대시를 하면 바로 교제를 시작한다. 그런데 상담을 의뢰하는 여성들 중에는, 남자가 자신에게 친절하고 약간의 스킨십(손금 봐주기, 하이파이브 등)을 하는 행위를 썸이라 넘겨짚으며 왜 진척이 없느냐며 답답해하는 경우가 많다.

썸은 서로가 마음이 있다는 것을 어느 정도 알고 있는 상태다. 어떻게 될지는 확신할 수 없지만 왠지 사귈 수 있을 것 같은 강력한 예감이 드는 것이 '썸'이다. 답답한 마음이 드는 이유는 스킨십 자체만으로 자신에게 관심이 있다고 판단하기에는 어딘가 석연치 않은 구석이 있기 때문이다. 이럴 때 여자의 '촉'

은 예민하게 작동한다.

'나한테 분명 관심은 있는 것 같은데, 어쩐지 믿을 만한 놈이 아닌 것 같기도 하다.'

이런 생각은 실제와 거의 분명하게 맞아떨어진다. 여자의 첫 느낌, 직관은 예리하므로. 문제는 여기서부터다. 이유를 막론하고, 의심이 들면 일단 '거리두기'를 하면 되지만 남자가 자신의 이상형과 가깝거나 조금이라도 매력적인 모습이 보일 때, 여자는 자신의 불안한 첫 느낌을 부정한다는 것이다. 즉, 경계를 거두고 썸을 타고 싶어 한다. 혼란스러운 여자들은 이 시점에서 잔뜩 기대를 안고 떨리는 마음으로 타로를 본다. 듣고 싶은 말은 오직 하나다.

"남자도 당신을 아주 마음에 들어 하고 있네요. 곧 대시가 들어올 겁니다."

썸이 확실한 사람들은 현재 그가 날 좋아하는지 질문하기보다, 앞으로 우리 관계가 언제쯤 발전할지, 만약 연애를 한다면 오랫동안 교제가 가능할지부터 물어본다. 그가 혹은 그녀가 나에게 호감을 갖고 있다고 확신하면 속마음은 두 번째 질문이 되는 것이다.

썸을 타고 싶은 건 어쩌면 인간의 본능인지도 모른다. 서로를 탐색하는 일은 본격적으로 사귀기에 앞서 필요한 과정이다. 그러나 나는 썸이 본질과는 다르게, 단순히 그 자체를 즐기고 끝을 맺는 경우를 많이 봐왔다. 이를 테면, 썸에서 연애로 넘어가는 순간 관계의 흥미를 완전히 잃어버리는 사람들 말이다. 애매한 사이에서 정식적인 연인으로 관계가 전환될 때 친밀한 관계를 두려워하는 심리가 내면에 깔려 있다. 썸이 가져다주는 설렘만 느끼고 싶은 것이다. 나는 이것을 '썸 중독'이라 부른다. 썸에 중독된 사람들은 그야말로 썸 자체에 만족한다. 내가 아닌 그 누구와도 썸을 탈 수 있다. 상대방에게 사귀자는 말을 한 것이 아니므로 책임을 느낄 필요도 없고 부담 또한 없다. 그렇게 여러 이성과 썸을 타는 것. 그것이 바로 흔히 말하는 '어장관리'다. 어장관리는 '불안을 가슴 깊이 품은, 머리가 영리한 사람'이 잘한다. 바람둥이와는 다른 차원이다. 보통 어장관리에 능한 사람들이 바람둥이일 거라 생각한다. 그러나 그 둘은 정확히 구분된다.

썸에서 시작된 어장관리는 바람둥이만큼이나 상대의 마음에 상처를 준다. 애매한 방식으로 호감을 표하고, 따뜻한 인간미를 내세워 상대에게 점수를 따려고 애쓴다. 그러고는 상대방이 조금이라도 다가오려 하면 한발 뒤로 물러난다. 상대의 이런 행동 때문에 속이 타는 내담자들은 어떻게 행동을 취해야 할지 모른다. 마음을 보일 듯 말 듯 하면서 관계의 주도권을 잡고 자신에게 지쳐 포기하려 할 때 즈음, 다시 불을 지펴 '희망고문'을 한다.

두 사람 모두 썸 자체만 즐기는 경우가 아니라면 불안정한 썸이 계속될 때는 일찌감치 눈치채고 정리에 들어가는 것이 맞다. 상대가 아무리 매력적이라 해도 서로가 지향하는 연애가 다른 문제에서는 노력이 허사가 되기 때문이다.

 관심을 표하면서 사랑은 주지 않는 것. 그것은 어느 집 능력 있는 아들처럼 돈을 신나게 벌어 금고에 쌓아두기만 하고 정작 쓰지 않는 것과 다를 게 없다. 가짜가 아닌 진짜 연애를 하고 싶다면, 모호한 행동으로 혼란을 주는 '썸'은 과감히 선을 그어야 한다. 둘 다 마음이 있는 것을 서로 느낄 때, 그것이 진짜 '썸'이다.

17

다시 돌아오는 남자들 1

◆

이별로 힘들어하는 사람들에게 하루에도 몇 차례씩 받는 질문이 있다.

"그 사람한테서 언제 다시 연락이 올까요?"

헤어진 연인의 연락을 애타게 기다리는 여성들은 애인과의 이별을 받아들일 수 없어서 무작정 다시 만나고 싶은 경우와 재회는 둘째 치고 잠수나 이별통보를 당한 게 억울해서 자존심이라도 회복하고 싶은 경우다. 재회를 하고 싶은 이유는 다르지만 둘 다 연락이 절실하긴 마찬가지다.

나는 돌아오지도 않을 남자를 기다리는 여성들과, 돌아왔다고 좋아하며 이제는 다를 거라 믿고 싶어 하는 여성들을 위해 해주고 싶은 말이 있다.

질문을 받으면 내담자와 상대의 성향을 간략하게 체크한 뒤 타로 카드를 뽑는다. 이때 카드를 뒤집어 확인하기 직전 내담자의 상태에 따라 이렇게 묻고는 한다.

"만약 남자분이 다시 돌아오면 잘 만날 자신이 있으세요?"

이 질문을 받은 여성들은 당황해하지만 대답은 거의 같다.

"그건 잘 모르겠어요. 어쨌든 연락이 왔으면 좋겠어요."

여성들은 연락이 오는 것 자체를 재회로 간주하거나 한 번의 전화, 메시지에 큰 의미를 둔다. 재회가 되는 과정 속에 연락이 포함되는 것은 맞지만 그것만으로 제대로 된 재회를 기대할 순 없다. 연락은 사소한 이유로도 올 수 있다. 내가 시답잖은 연락운은 봐주지 않는 이유이기도 하다. 재회와 연락이 오는 것은 별개이고 연락이 온다는 말은 내담자에게 괜한 희망고문이 될 수 있기 때문이다.

연락이 오는 일보다 중요한 것이 있다. 서로 득이 되는 만남인지, 다시 같은 문제로 헤어질 가능성은 없는지 살펴봐야 한다. 연애도 결혼 못지않은 현실이라는 것을 되새기면 재회에 대한 개념도 달라진다.

심리타로사인 나의 관점에서 득이 되는지 아닌지의 기준은 '정서적 안정'에 있다.

그 사람과 함께 있거나 떨어져 있을 때에도 마음이 편안한지가 중요하다. 만났을 때에만 재미있고 편안하면 안 된다. 조금만 연애의 목적을 생각해보면 이 부분을 알 수 있다. 내게 찾아오는 사람들 중에는 어릴 때 충족되지 못한 결핍이나 불안정한 자아 관리를 위해 연애를 하려는 경향을 띠는 사람이 많았다. 하지만 이들 중 상당수가 결핍을 채워줄 사람을 만나는 것이 아니라 상대방에게 끌려다니다가 자기 마음대로 되지 않아 결국 헤어지고 난 뒤 나를 찾아온다.

이별 후 집착으로 힘들어 상담을 요청하는 사례는 주로 남성보다는 여성이지만 남성들 역시 여성만큼 이별 후 힘들어한다. 다만 남에게 굳이 알리기 싫어 상담을 요청하는 빈도가 여성에 비해 낮을 뿐이다. 이별 후 상황에 대처하는 방법은 남녀가 확연히 구분되는데 보통 이런 식이다.

남: 만나줄 때까지 뭐라도 한다.
여: 연락이 올 때까지 기다리다 지쳐 안부 문자를 보낸다.

남성들은 다시 재회하려는 시도가 좋지 못한 결과를 만들더라도 '어? 이 방법이 안 먹히네?' 하고 다른 방법으로 바꾸어 시도하는 경향이 있다. 전화를 안 받으면 찾아가고, 만나주지 않으면 편지를 써서 우편함에 넣고, 그것도 안 되면 주변 지인들에게 부탁해서 만날 방법을 모색한다. 이도 저도 다 안 되겠다 싶어 최후의 방법으로 재회 컨설팅 업체에 적지 않은 비용을 지불하고 만남을 꾀하는 경우도 생각보다 많다.

이렇듯 남성들은 집착과 동시에 행동하는 성향이 강하다. 그렇게 해볼 거 다 해보는 과정에서 기운이 빠져 단번에 포기하는 사람도 있다. 이렇게 하는 이유는 '난 해볼 만큼 다 했어.'라는 자기합리화가 필요하기 때문이다.

반면 여성들은 행동보다는 머리로만 생각하고 기다리는 경향이 있다. 나름의 적극적인 행동은 매번 같은 질문으로 타로를 보거나 헤어진 연인의 근황을 살피는 것이 전부다. 자신의 일상을 뒤로 미룬 채 그저 간절히 원하고 기다린다. 그러는 동안 다시 만나야 한다는 생각이 머릿속에 자리 잡으면 그 어떤 조언도 받아들이려 하지 않는다.

최근 들어 가깝게 지내는 단골 내담자와 상담이 끝난 후 차를 마시며 되돌아오는 애인에 관해 대화를 나눈 적이 있다. 그녀는 매일 내담자에게 조언해주는 내가 정작 떠나간 연인에게 어떤 감정을 느꼈는지 궁금하다고 했다. 나는 그녀에게 오래전 내 경험담을 들려주었다.

#그 녀석은 왜 돌아온 걸까

20대에 동갑내기 남자와 3년간 연애를 한 적이 있다. 통통한 체형에 부드러운 인상을 가진 그는 말수가 별로 없고 가족을 끔찍이 여기는 사람이었다. 한 살 터울의 남동생의 대학 등록금을 부모님 대신 내줄 만큼 그는 가족에게 최선을 다했다.

그는 일찍 결혼을 하고 싶어 했다. 나는 당장 결혼 생각이 없었지만 만약 결혼을 한다면 그와 해야겠다고 생각했다. 그런데 사귄 지 3년째에 접어든 때부터 그와 결혼을 할 수 없는 이유가 생겼다. 그 이유는 바로 그의 아버지의 '무례함' 때문이었다. 어디서든 눈치보지 않고 화를 내는 분이셨는데 아들의 여자친구인 내가 있는 자리에서도 예외는 없었다.

한번은 그가 아버지와 어떤 작은 사건으로 인해 감정이 좋지 않은 시기가 있었다. 오랜만에 그의 집에 놀러가 저녁을 먹을 때였다. 식사를 마치고 어머니가 단감을 깎아서 식탁에 올리셨고 아버지는 감을 포크로 찍어서 그에게 먹으라고 건넸다. 그는 원래 과일을 싫어하는데 특히 단감을 제일 싫어했다. 아버지는 그걸 알면서도 먹으라 하셨고 그가 먹지 않겠다고 하자 불같이 화를 내며 이렇게 말씀하셨다.

"네가 감히 내가 준 감을 안 먹어? 지금 당장 안 먹으면 너랑 나랑 부자간의 인연을 끊는 거야."

"진짜 먹기 싫어서 그래요. 저 감 싫어하는 거 아시잖아요!"

"먹어, 당장. 네 이름을 호적에서 지워버리기 전에."

그는 잠시 고민하더니 억지로 감을 입에 넣고 우걱우걱 씹었고 "먹었으니까 됐죠?"하고는 자기 손에 감을 도로 뱉어 쓰레기통에 버렸다.

"저런 싸가지 없는 새끼를 봤나. 어디서 지금 감을 뱉어. 다시 똑바로 안 먹어?"

더는 참을 수 없다는 듯, 그는 아버지에게 항변했다.

"여자친구도 있는 데서 꼭 이렇게까지 망신주셔야 속이 후련하시겠어요?"

"로마에 가면 로마법을 따르는 거야. 내가 희원이의 집에 가면 그 집 법을 따라야 되고, 오늘은 희원이가 우리 집에 왔으니까 내 법에 따라야지."

그 상황이 너무 충격적이었다. 어떻게 해야 할지 몰라 자리에서 일어나 한참을 서 있었다.

그 일이 있고 나서 몇 달 뒤 우리는 헤어졌다. 헤어지기 전까지 그와 나 사이에는 아버지의 언행과 관련해 뜨거운 논쟁이 여러 차례 이어졌다. 그러던 중 어버이날 마지막으로 식사했던 한정식 집에서 음식이 늦게 나온다고 직원을 불러 불호령을 치던 그의 아버지 모습에서 나는 확신했다.

'그와 결혼했다가는 큰일나겠구나.'

나처럼 예민한 성격은 이런 상황을 절대 견딜 수 없다는 것을 잘 알고 있었다. 그는 아버지의 행동이 다른 사람을 불편하게 한다는 것을 인지하면서도 내가 불만을 토로할 때마다 '아버지가 그럴 수도 있지'라는 말로 문제를 회피하는 모습을 보였다. 앞으로 더 놀랄 일이 많을 것에 대해 우려하는 내 마음을 그는 이해하지 못했다.

그렇게 헤어진 지 1년이 흐른 어느 날, 그는 불쑥 내 앞에 나타났다. 아주 어색한 표정을 짓던 그는 별다른 말없이 나에게 만나는 사람이 있냐고 물었다. 나는 그때까지 아무도 만나지 않았기에 없다고 대답했다. 그와 내가 원수처럼 헤어진 것도, 서로가 싫어서 헤어진 것도 아니었지만 어쩐지 마음이 가지 않아 계속 찾아오는 그를 거부했다. 그러고 나서 얼마 후 그가 장문의 편지를 보내왔다. 1년 동안 나를 잊기 힘들었고 나에게 해준 게 없어서 다시 한 번 만나 못해준 것들을 원 없이 해주고 싶다는 내용이었다. 진심이 느껴지는 글이었지만 여전히 마음은 가지 않았다. 하지만 그의 뜻을 무시하자니 그것도 맘이 편치 않았고 1년 사이에 눈에 띄게 살찐 그가 안쓰럽기도 했다. 그간의 스트레스를 먹는 것으로 풀어왔을 것이 눈에 선했다. 결국 고심 끝에 그를 새롭게 만나보기로 결정했다.

데이트는 예전과 다를 게 없었다. 식당에 가서 밥 먹고 드라이브 하고 집에 데려다주는 것이 전부였다. 가끔 커피 전문점에도 갔지만 마주앉아 나눌 이야기가 없었다. 그는 이틀에 한 번 꼴로 내 퇴근 시간에 맞춰 기다리는 일을 반복했다. 그런데 그게 너무 부담되고 점점 숨이 막히는 느낌이 들었다. 왜 그런지도 모른 채 그를 만났다.

그러다 결국 탈이 났다. 주말에 놀이공원을 가는 도중 위경련이 찾아왔다. 통증은 점차 심해졌다. 그에게 양해를 구하고 차를 돌려 집으로 왔다. 그 후로 그를 만날 때마다 배가 아팠다. 아무래도 내키지 않은 만남을 억지로 갖다보니 스트레스가 심해진 모양이었다. 결국 그에게 더는 만나기가 힘들 것 같다고 털어놓았다. 그는 당황해하는 기색 없이 내 손을 잡아주며 자신은 언제까지고 기다릴 테니 다시 만날 마음의 준비가 되면 연락을 달라고 했다. 만약 사귀지 않아도 친구로라도 지내고 싶다는 말도 덧붙였다. 그 순간 그의 인간적인 모습에 감동 받았고 무엇보다 미안한 마음이 컸다. 그렇게 마음이 무거운 상태로 지내면서 생각할 시간을 가졌다.

일주일 후, 그에게 전화를 걸었다. 내 입장을 존중해주고 일주일 동안 진득하게 기다리며 시간을 준 그가 믿음직스러웠다. 그런데 수화기 너머 들려오는 음성에서 뭔가 곤란해하는 기색이 역력했다. 잠시 후 그의 입에서 나온 말은 전혀 예상치 못한 말이었다.

"우리 그냥 연락 안 하는 게 좋을 것 같아."
"응? 무슨 이유로?"
"그냥 다시 만나는 건 안 될 것 같아서."
"그래, 잘 지내."

30초도 안 걸린 그와의 짧은 대화는 허무했다. 언제까지고 기다리겠다던 그가 별다른 이유도 대지 않고 연락을 하지 말자니. 황당하긴 했지만 차라리 홀가분한 마음도 들었다. 그런데 잠깐의 통화에서 느낀 그의 목소리가 자꾸 마음에 남았다. 마지막 통화인데, 그는 침울해 보이지도 않았고 어딘가 여유로워 보였기 때문이다. 마치 무슨 좋은 일이 있는 사람 같아 보였다.

며칠 후, 그의 홈페이지에 방문한 나는 황당한 장면을 목격하고 말았다.

"진희야, 사랑해. 내 마음 절대 안 변할 테니까 너도 나만 바라봐줘. 이따 집으로 갈게."

'내가 지금 뭘 본 거지? 진희는 누구일까?'

나를 기다리겠다고 한 지 일주일밖에 안된 상황에서, 그는 남들이 보는 방명록에 다른 여자를 향한 러브 메시지를 적어두었다. 차마 오글거려서 두 번은 읽을 수 없었다. 질투보다는 인간적 배신감이 들었다. 잠을 설쳐가며 곰곰이 생각했다. 그는 이렇게 쉽게 돌아설 거면서 1년 후에 왜 다시 나를 찾아온 걸까.

며칠 후, 나를 통해 그와 친하게 지내게 된 내 친구 세희에게 전화가 왔다. 우리 셋은 초등학교 동창인데 내가 세희에게 그를 소개한 뒤로 그녀는 자신의 남자친구와 그를 친구로 엮어주면서 가깝게 지내던 중이었다.

"너 요즘 왜 그렇게 연락이 안 돼? 혹시 걔 방명록 본 거야?"

"응, 너 얼마 전에 나한테 걔 홈피 들어가지 말라고 한 게 그거 때문에 그런 거야?"

"이상한 거 봐서 좋을 게 뭐 있어. 너 이렇게 놀랄까 봐 들어가지 말라고 한 거야."

"무작정 감추면 없는 일이 되냐? 그리고 들어가지 말라면 궁금해서 더 들어가 보게 되지."

"……."

"넌 뭔가 알고 있었으면서 왜 나한테 아무 말도 없었어?"

친구는 한숨을 내쉬며 어렵게 입을 열었다.

"사실 걔가 지금 만나는 그 여자가……. 우리 사촌 언니야."

그는 나와 마지막으로 본 그날 저녁, 게임 동호회 모임에 참석했다. 거기에는 친구 세희도 있었다. 세희 커플과 그는 게임을 매개로 친하게 지내던 상황이었다. 세희는 처음으로 사촌 언니를 그 모임에 데리고 나갔고 남편과 이혼한 뒤 외로워하던 사촌 언니와 그는 눈이 맞았다는 것이다. 친구는 두 사람이 그렇게 될 줄 자신도 몰랐다며 난감해했다.

그날 깨달았다. 그가 1년 뒤에 굳이 나를, 왜 다시 찾아왔는지 알 것 같았다. 그에게 필요한 건 내가 아니었다. 그냥 여자가 필요했던 것이다. 자기만 바라봐줄 여자가 없어서 나에게까지 왔던 것이다. 그리고 순정남의 극치를 보여준 그 날, 자신에게 관심을 가져준 여자가 나타나자 미련 없이 떠났다. 나에게 보란 듯이, 애정 가득한 댓글을 방명록에 공개까지 하면서 말이다.

그가 나와 헤어졌던 시기에 그의 아버지는 어머니와 이혼을 했고 곧 새 애인과 제2의 인생을 살겠다며 외국으로 나갔다고 했다. 자신을 힘들게 하던 아버지가 떠난 후 그는 소개팅도 해 보고 선도 보았지만 나만큼 마음에 드는 여자가 없었다고 했다. 하지만 이제와 생각하면 그냥 입에 발린 소리에 지나지 않았던 것 같다. 그에겐 미안한 얘기지만 자기 마음에 드는 여자가 없었던 게 아니라 그 반대였을 테니까.

  이별의 방식이 좋진 않았지만, 그가 밉지도 그립지도 않았다. 그 여자와 어떻게 살든 관심도 없었다. 단지 허한 마음을 달랠 길 없어 돌아오는 남자는 정말이지 별로란 걸 너무나 잘 알게 되었다.

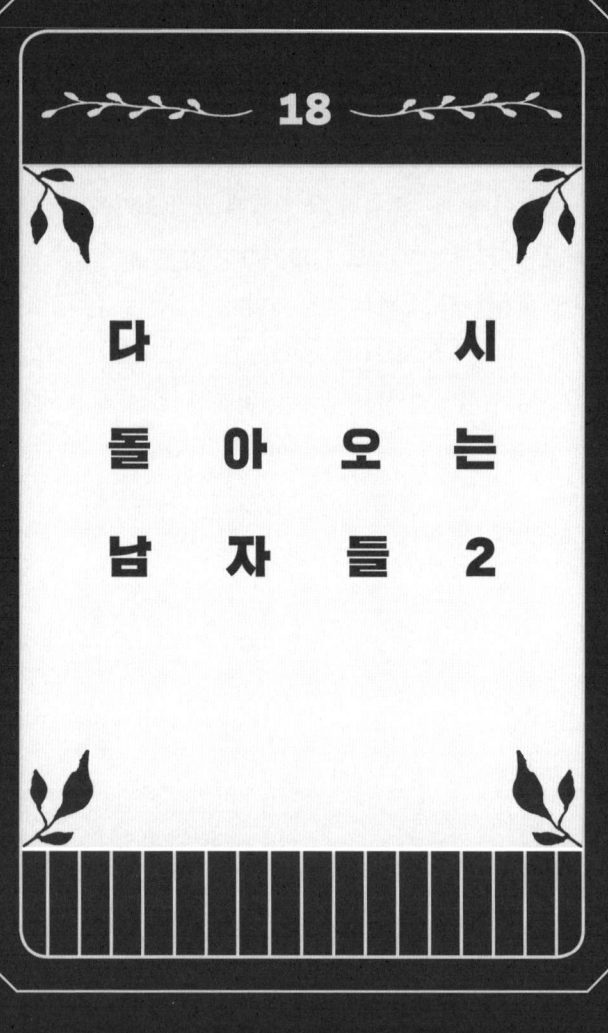

18 다시 돌아오는 남자들 2

◆

 앞서 재회 운을 보는 내담자들의 심리와 내 경험담을 쓴 이유는 다시 돌아오는 옛 연인에 대한 커다란 환상을 깨주기 위해서다. 너무 많은 여성들이 재회 운을 보는 일에 반복적으로 돈을 쓰는 모습을 보아왔다. 결과가 원하는 방향으로 나오지 않으면 몇 번이고 상담을 의뢰하고 설령 좋은 방향으로 나오더라도 진득하게 기다리지 못한다. 그녀들은 잘 모르는 것 같다. 돌아오는 남자들조차도 자신이 관계를 되돌리려는 이유를 명확히 알지 못한다는 사실을 말이다. 그들조차 내가 어쩌려고 돌아가는 건지, 정말 좋아서 가는 건지 확신이 없다. 그렇지 않을 수도 있지 않느냐고 항변하는 사람이 있다면, 돌아온 남자에게 물어보라 하고 싶다. 왜 돌아왔는지 말이다. 남자들은 그 물음에 딱히 할 말이 없다. 뭔가 거창한 대답을 해야 한다는 부담이 작용하니 대답하기 꺼려지기도 할 것이다. 할 말이 없는 게 당연한지도 모른다. 이유가 부실하다. "사실 내 입장이 좀 아쉬워서 왔어."라고 솔직하게 말하기는 쉽지 않다.

숱한 재회 타로를 보면서 나는 늘 아쉽다. 여자들은 왜 그렇게 당차지 못할까. 조금만 냉정을 찾아도 재회에 대한 생각이 유연해질 수 있는데 하나같이 맹목적으로 재회를 꿈꾼다. 재회를 꿈꾸는 자체는 비난 받을 일이 아니지만 아무런 대책 없이 자신만 원한다고 해서 다시 만나려는 것은 어수룩한 행동이다. 결혼한 사람들이 잦은 싸움 끝에 이혼해놓고 외롭다고 재결합하는 것과 다를 것이 없다. 그동안 재회상담 사례들에서 애인과 재회한 여성 내담자들이 이전보다 행복해하고 있다는 느낌을 받은 적이 단 한 번도 없었다. 그녀들은 마치 해고당한 회사를 어렵게 다시 들어가 또 잘릴까 봐 노심초사하는 모습과 비슷했다.

심리타로를 보는 사람으로서, 마음 여린 여성들이 옛 남자가 제 발로 돌아온대도 받아주지 않았으면 하는 것이 내 바람이다. 배신이 아닌 어떤 오해로 인한 이별이라 해도 관계는 이미 이전과 달라지기 때문이다. 그런데 반대로 자신을 힘들게 했던 남자가 돌아오길 기다리는 여성들은 지금도 너무 많다.

이별은 누구에게나 고통스러운 경험이다. 고통 자체는 자연스럽다. 그러나 애인을 소유물로 생각하면 고통이 집착으로 변한다. 예를 들어 애인이 바람을 피웠을 때 우리는 분노를 느끼고 복수를 꿈꿀 수 있다. 그 감정은 자연스러운 것이지만 복수하고 싶은 마음을 실행으로 옮기면 얘기가 달라진다. 복수를 하는 순간, 그를 사랑했다기보다 나만이 가질 수 있는 소유물로 여겼다는 증거가 된다. 바람을 피운 사람은 그 바람 따라 떠다니게 내버려 두면 된다. 내 소유가 아닌 하나의 인격체이기 때문이다. 그렇게 하고 싶어서 하는 사람의 마음을 조종할 힘이 우리에겐 없다.

우리는 누군가를 떠나보내는 법을 자상하게 가르쳐준 사람이 없었을 수 있다. 이별에는 일정기간의 애도가 필요하다. 죽은 사람만 애도하는 것이 아니다. 살아있는 사람과의 이별도 충분한 애도가 필요하다. 애도는, 혼자 슬퍼하며 고통스런 감정을 직면하는 것이다. 충분한 애도기간을 거쳐야 다음 연애를 성숙하게 할 수 있다. 그러나 대부분의 사람들은 애도 단계를 건너뛰고 싶어 한다. 바로 거처할 새 집을 알아보듯 연애대상을 찾아 헤맨다. 그것이 우리가 비슷한 사람에게 반복적으로 반하고 비슷한 이유로 헤어지는 패턴을 유지하는 근본적 원인이다.

이별 후 집착심리는 그 고통을 혼자서만 감내하지 않겠다는 마음과 이별을 당함으로써 자신의 가치가 깎여나간다는 수치심을 용납할 수 없는 것에서부터 출발한다.

나는 재회 컨설팅을 해주는 일부 업체들이 심리상담을 배제하고 오로지 만남을 주선해서 이익을 챙기려는 행위를 혐오한다. 내담자들을 통해 그런 회사들이 있다는 것을 처음 알았을 때 적잖이 놀랐고 만남을 어떤 식으로 연출하는지 알았을 땐 충격을 받았다. 결코 적지 않은 비용을 지불하고 많은 시간을 들였는데 만남에 실패하는 경우도 허다했고, 성사된다 하더라도 상대의 마음을 되돌릴 수 없어 이전보다 더 집착이 심해졌다고 말하는 내담자들을 보면 가슴이 답답해진다. 투자한 돈이 아까워서 더 깊은 속병을 앓게 되는 것이다.

이 문제는 비단 의뢰자에게만 해당되는 것은 아니다. 의뢰자는 재회를 원하지만 상대방은 만남을 원치 않을 수 있다. 표면적으론 업체가 의뢰자를 돕는 것일지 몰라도 반대편의 상대에겐 폭력적인 일일 수 있다.

우연을 가장한 억지 만남의 기회를 만들어준 후 뒤로 빠지는 일은, 한 사람의 재회를 진정으로 돕는 일이 아니다. 이미 깨진 유리조각을 본드로 붙여주고 돈을 받는 일은 근절되어야 한다.

10년 가까이 심리타로를 해오면서 어떻게 하면 연애를 잘 할 수 있느냐는 질문을 가장 많이 받았다. 그때마다 내담자의 상황에 맞게 대답했지만 한마디로 압축해서 말하라고 한다면 나는 주저 없이 이렇게 답할 수 있다.

'연애를 잘하는 사람은 이별을 잘하는 사람이다.'

이별에 잘 대처하지 못하는 사람은 연애를 잘할 수 없다. 당장의 고통을 피하기 위해 무작정 관계를 원점으로 돌리려 하면 분노가 쌓이면서 연애에 대한 인식 자체가 부정적으로 굳어지게 된다. 이별의 상처로 이성 친구에 대한 마음의 문을 아예 닫아버린다면 어떨까. 연애를 잘하는 것은 고사하고 좋은 사람을 만날 수 있는 기회까지 차단하게 되면서 삶의 질이 떨어질 것이다.

연애를 잘하는 비결이나 특별한 기술은 따로 존재하지 않는다. 이별을 성숙한 자세로 받아들일 수 있다면 진정한 연애고수가 되는 것이다. 매력적인 이성을 잘 꾀고 자기 맘대로 조종하는 법만 터득하려 들면 결과적으로 빈곤한 연애만 하게 된다. 자신의 수준이 그 정도이기 때문에 설사 좋은 사람이 오더라도 잘 알아보지 못한다. 그래서 연애를 잘하는 방법을 알기보다 이별을 잘하는 법을 알려고 해야 한다.

돌아오는 남자들을 받아주면 그들은 다시 마음 놓고 떠날 수 있다. 자신이 원하기만 하면 언제든 돌아올 수 있다는 믿음이 있기 때문이다.

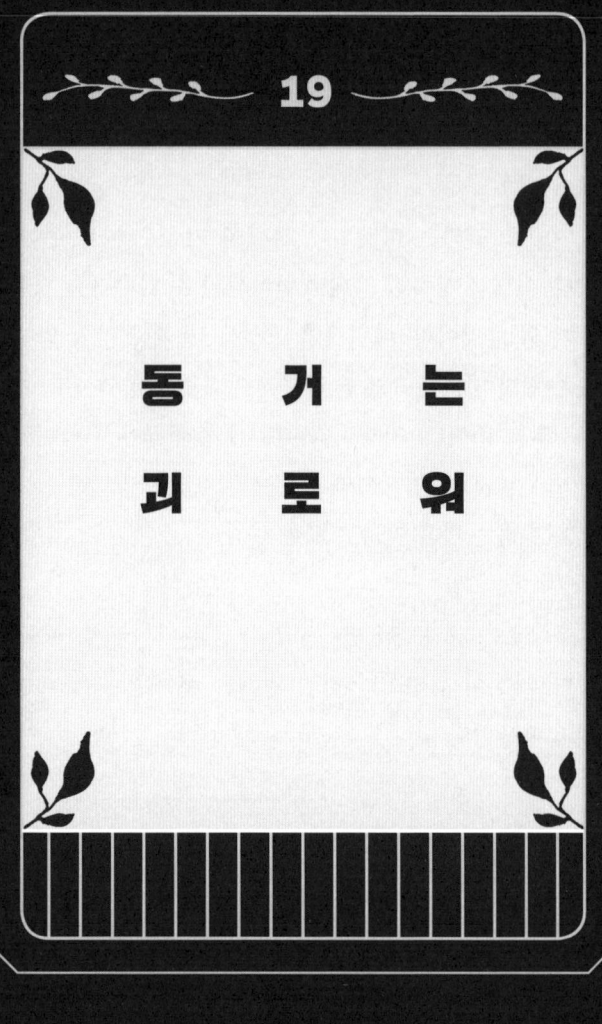

♦

　상담을 하면서 동거하는 연인들이 생각보다 많다는 사실에 놀라곤 한다. 과거에 동거를 바라보는 나의 시각은 긍정도, 부정도 하지 않는 중간 입장이었다. 어쩌면 동거는, 결혼이라는 제도로 묶이기 이전에 상대와 같은 공간에서 얼마나 잘 지낼 수 있는지 체험해 볼 만한 쪽으로 더 기울었던 것 같다.

　얼마 전 이혼한 지 얼마 안 된 친구에게서 연락이 왔다. 특별한 일이 없으면 평소 연락을 잘 안 하는 친구라서 무슨 일인지 궁금했다. 그녀는 새 애인이 생겼다고 했다.

　"축하해. 어디서 알게 된 사람이야? 집은 어디 살아?"

　"아는 언니한테 소개받았어. 본가는 수원인데 나랑 사귀고부터 우리 집에서 같이 살아."

　"같이 산다고? 그럼 직장은?"

　"다니던 곳은 관두고 우리 집에서 다닐 수 있는 거리에 일자리 구해서 다녀."

그녀는 너무나 자연스럽게 동거 사실을 밝혔다.

"더 사귀고 알아보고 나서 결정하지, 뭐가 급하다고 바로 동거부터 하냐."

"어머, 얘 좀 봐. 내가 쭉 혼자 살았던 사람도 아니고. 너라면 혼자 살 수 있을 것 같아?"

"혼자 못 살 이유는 뭔데?"

"집에 오는 무거운 택배 옮길 때도 그렇고 전등 교체할 때, 그리고 매일 남편이랑 아침저녁으로 같이 밥 먹다가 갑자기 혼밥 먹는 거. 나 혼자 살면 매일 밥도 안 해먹고 라면이나 끓여 먹을걸."

듣고 보니 영 틀린 말은 아니었다. 친구의 말은 현실적이었다. 매일 누군가와 함께 지내다가 어느 순간부터 모든 걸 혼자서 해야 하는 것이 익숙하지 않다는 말이었다. 그 점은 이해된다. 그러나 한편으론 그녀가 중요시하는 부분보다 더 감내할 것들이 많다는 사실을 인지하고 있는지, 그게 마음에 걸렸다.

20대 초반에 독립 후, 30대 중반까지 애인과 동거를 해왔다고 하던 여성 내담자가 있었다.

3년 정도 꾸준히 상담을 했지만 타로를 보기보단 자신의 고충을 털어놓는 편이었다. 자신은 사회 초년생일 때부터 남자와 동거를 해왔기에 혼자 지내는 건 상상조차 할 수 없다고 했다. 그렇다고 결혼을 하기에는 겁이 난다고 했다. 그녀는 가정을 꾸리는 것에는 관심이 없지만 남자가 늘 곁에 있어야 했다. 어쩌면 남자친구와 살고 있기 때문에 결혼이 필요 없었는지도 모른다. 어쨌거나 그녀는 1~2년에 한 번씩 함께 살던 사람과 결별할 때마다, 다급히 새로운 남자를 찾아 나섰다. 착한 남자든 나쁜 남자든 크게 가리지 않았다. 기본적인 경제능력이 있고 자기에게 관심을 보이면 썸을 타는 과정 없이 곧바로 동거에 들어갔다. 동거 생활은 그녀에게 잘 맞았다. 그녀는 여느 연인들처럼 밖에 나가 데이트 하는 것이 귀찮았다. 나가면 돈만 많이 쓰게 되고 술집이나 커피 전문점에서 시간 때우는 것도 체질에 맞지 않았다.

"동거할 때마다 집을 따로 구했나요?"

"아뇨. 다 저희 집에서 살았어요."

"그럼 남자가 생활비를 따로 줬나요? 월세를 반씩 보태준다던가."

"그런 건 없었어요. 마트에서 장 볼 때 가끔 쓰는 정도?"

그녀의 말에 의하면 대부분의 생활비를 혼자서 지불하고 남자는 소소한 지출을 제외하고는 자신의 월급을 저축하고 있다가 헤어질 때 모아놓은 돈으로 방을 얻어 나간다고 했다. 공교롭게도 그녀의 경우는 동거하고 있는 애인문제로 나에게 상담을 요청하는 여성들의 상황과 비슷하게 맞아떨어진다. 다만 동거의 횟수나 기간이 다를 뿐이다.

통계적으로 남자의 집으로 여자가 들어가는 경우보다 여자가 거주하는 집으로 남자가 들어가서 사는 경우가 월등히 많다고 한다. 나는 이 부분에 대해 오랜 시간 곰곰이 생각하고 체크해보았다.

　경우의 수는 두 가지로 나뉜다. 군대를 다녀와서 학교를 졸업한 남성들은 여성들보다 조금 늦은 나이에 취업을 하게 된다. 부모님이 여유 있는 상황이 아니라면 대개 돈이 없다. 그렇기 때문에 혼자 조그만 원룸에서 매일 잘 먹지도 못하고 학자금 대출을 갚으며 힘들게 살아갈 수밖에 없다. 자신이 조금이라도 여유가 있을 때까지 연애를 보류하려는 남성들도 있지만 실제로는 경제적 여유가 없을수록 여자친구의 보살핌을 필요로 하게 된다. 문제는 혼자 사는 여성에게 전적으로 의존하려는 남성들이다. 일단 직장인 여자친구의 집에 가면 의식주가 자연스럽게 해결된다. 자신이 살던 집의 전기세와 수도세가 줄어들고 모텔비도 아낄 수 있다. 여자친구가 밥을 해주고 가끔 빨래도 해주니 이보다 편할 순 없다. 처음엔 주말에만 갔지만 하루 이틀 있어 보니 너무 좋은 거다. 아예 눌러앉고 싶은 마음이 생긴다. 혼자 지내던 원룸을 자연스럽게 정리하고 나와 본격적으로 여자친구 밥상에 숟가락을 얹기까지 걸리는 시간은 한두 달에 불과하다.

　그렇게 별다른 합의 없이 이뤄지는 동거에 대해 조언을 구하는 내담자들을 보면 우려스러운 마음이 크지만, 이렇다 저렇다 달리 조언해 줄 방법이 없다. 다 큰 성인들이 결정한 일이기 때문이다.

  물론 동거하는 커플들 모두가 좋지 않은 결과로 끝나는 건 아니다. 다만 현재까지 지켜본 동거인들의 결과는 단 한 건을 제외하고는 좋은 예가 없었다. 어떤 내담자는 동거처럼 뒤끝이 오래가고 힘든 건 없다고 말했다. 내가 생활하던 방에 늘 함께 있던 사람이 짐을 싸서 나가면 그 공백이 너무 커서 견딜 수 없다는 것이다. 그래서 새로운 남자를 급히 고르느라 객관적으로 따질 수 없는 것이 함정이라고 말이다.

  헤어지고 싶어도 헤어지는 것 자체가 어려운 일이라고 말하던 내담자도 있었다. 애인이 당장 집을 구해서 나가야 하는데 나갈 의욕 없이 그냥 버티기 일쑤고 짐을 싸서 나갔다가 자기 멋대로 다시 돌아오는 경우도 자주 반복된다고 했다.

  내가 이사오기 전 살던 집 건물에선 웃지 못할 일이 있었는데 동거와 관련한 목격담이다.

  바로 옆집에 20대 후반 정도로 보이는 커플이 살고 있었다. 오며가며 마주쳤던 그들은 사이가 좋아 보였다. 그리고 어느 날 아침 산책을 나가려고 집을 나섰던 나는 엽기적인 광경을 목격했다. 옆집 문 앞에 남자의 짐들이 널브러져 있고 옷더미가 산더미처럼 높이 쌓여 있었다. 그런데 가장 충격적인 것은 현관문 손잡이에 웬 여자의 팬티가 걸려 있는 게 아닌가.

아마도 여자가 장시간 집을 비운 사이, 그녀의 애인은 다른 여자를 데려와 바람을 피운 것으로 미루어 짐작되었다. 예정보다 일찍 집에 돌아온 그녀는 애인이 다른 여자와 자신의 집에 남긴 흔적을 밖으로 빼내 남자가 그 어떤 변명도 할 수 없도록 조치를 취한 듯 보였다.

나는 옆집의 그녀가 남자를 보는 눈은 없어도 뒤통수친 애인의 행동을 처단하는 방법은 참신하고 기술적이라고 생각했다. 남자가 집에 들어올 때까지 기다렸다가 어떻게 그런 짓을 저지를 수 있는지 화내고 따지는 것보다는 백 배 현명해 보였다.

그 일이 있은 후 얼마 지나지 않아 그녀는 이사를 갔다. 나는 지금도 잊지 못한다. 손잡이에 보란 듯이 걸려 있던 핑크색의 그 망사 팬티를.

애인과 생활하는 집을 불순한 의도로 사용한 사건이 아니더라도 우려스러울 만한 것들은 또 있다. 그것은 여자의 임신문제다. 내 지인은 동거 중에 임신했다가 유산이 되는 아픔을 겪었다. 그런데 몇 달이 지나 또다시 임신을 하게 된 것이다. 결국 원치 않는 결혼을 했고 준비 없이 맞이한 아이를 키우며 생활에 큰 어려움을 겪고 있다. 단순히 같이 있고 싶어서 시작했던 동거가 계획과는 전혀 다른 방향으로 이끈 것이다.

나는 여성들이 동거를 시작하기 전에 상대를 알아가는 시간을 충분히 가졌으면 좋겠다.

동거를 하면서 알아간다는 생각도 틀린 것은 아니다. 결혼 전 예행연습이라고 생각할 수도 있다. 그러나 동거 경험이 있는 여성들 말에 의하면, 동거는 동거이고 결혼은 결혼이라는 의견이 많았다.

'동거할 땐 몰랐는데 결혼해서 알게 된 배우자의 습성이 나와 전혀 맞지 않는다는 것을 알게 되었어요.'
'동거를 하면 결혼에 대한 의욕이 없어지는 것 같아요.'
'결혼은 책임부담을 느끼고 하지만 혼전 동거는 부담이 없는 만큼 서로에 대해 긴장감이 없어서 함부로 행동하게 되는 것 같아요.'

한 여성 내담자는 남편과 이혼 후 몇 년이 흘러 남자친구와 1년 가까이 동거하다 헤어진 경험이 있었다. 관계를 정리하는 과정이 이혼할 때보다 간편했을 뿐, 이혼했을 당시와 심적 고통과 비슷했다고 말했다.

단지 그 사람과 같이 있고 싶어서 시작한, 아무런 원칙이나 대안 없이 한 쪽이 얹혀사는 동거는 전혀 권장하고 싶지 않다.

20

궁상떨던 애인의 마지막 메시지

◆

연애를 하는 주변 사람들에게 만나는 사람이 어떠냐고 물어보면 곧잘 이런 대답이 돌아온다.

"사람은 착해."

사람은 착하다. 그 말처럼 모호한 말이 또 있을까. 나는 자주 의문이 든다. '착함'의 기준에 대해서 말이다. 우리는 어떤 사람이 모나지 않고 둥글둥글한 느낌에 참을성이 있어 보일 때 착한 성향으로 간주하는 경향이 있다. 그런데 만약 순한 사람이 습관적으로 남에게 피해주는 행동을 한다면 어떨까. '좋은 게 좋다'는 식으로 남의 입장 생각하지 않고 혼자서만 긍정적이라면? 그런 사람을 만났을 때 우리는 판단이 흐려진다. 차라리 자기만 알고 이기적인 사람이라면 판단 자체에는 어려움이 없다.

최근 착하다는 장점 하나만 보고 만난 남자 때문에 머리가 아프다는 30대 후반의 여성 내담자가 전화를 걸어왔다. 작은 공방을 운영하는 그녀는 1년 전 이혼 후, 취미 동호회에서 알게 된 동갑내기 남자와 100일 넘게 교제 중이라고 했다.

"대시를 받으신 건가요?"

"네, 모임에서 몇 번 봤을 때 딱히 호감이 가진 않았어요. 남자가 인상은 좋은데 너무 물러 보여서요. 제가 관심 가는 남자는 따로 있었는데 그놈이 먼저 들이대는 바람에 낚였네요."

"그럼 아주 싫은 건 아니었던 거죠?"

"제가 여성스러운 타입이 전혀 아니거든요. 외모도 그렇고 성격도요. 그 애는 섬세한 타입이랄까요? 저랑 반대되는 성격의 남자는 처음이라 한번 만나 봐도 좋을 것 같았어요. 그리고 사람이 너무 착해빠져서 제가 구제해주고 싶은, 그런 맘도 들었고요."

"구제요? 착한 남자를 구제해줘야겠단 생각이 왜 들었을까요?"

"그런 성격에 저 같은 사람 아니면 왠지 못된 여자한테 걸려서 된통 당할 것 같아서요."

"아, 그러니까 세상물정 모르는 사람 같아서 보호해주고 싶었다는 말씀인 거죠?"

"네, 그거예요."

"사귀어보니까 어떻던가요?"

"착한 건 맞는데 너무 답답해요."

"구체적으로 말씀해보세요. 어떤 식으로 답답하게 행동하는지."

"남자친구가 조그맣게 호프집을 하거든요? 그런데 가게 문을 자기 맘대로 열고 닫아요. 오픈시간이 정해져 있어야 되잖아요. 그게 없어요. 그러면 당연히 손님이 없잖아요? 그래서 가게 월세만 겨우 내고 매달 적자면서 어떻게 하면 돈을 많이 벌 수 있을지 궁리해요. 정말 웃기죠?"

"그러게요. 벌써부터 체한 느낌이네요."

"그러면서 부모님이 돈 필요하다고 했을 때 대출까지 받아서 드리더라고요."

"남자친구 부모님은 아들 상황을 전혀 모르시나 봐요?"

"네, 그 사람은 부모님이랑 따로 살거든요. 부모님한테는 돈을 잘 번다고 거짓말한 거죠."

"그럼 남자분이 은실 씨를 답답하게 하는 부분이, 그분의 개인적인 일 말고 어떤 게 있어요?"

"없어 보이는 행동이요. 사실 좋게 보면 알뜰하게 볼 수도 있는데 좀 과해요."

그녀의 말에 의하면, 그는 외식을 할 때마다 먹고 싶은 음식보다 가격을 먼저 따진다고 했다. 처음에는 그러려니 하고 넘어갔지만 시간이 갈수록 그의 그런 모습들이 스트레스로 다가왔다고 한다.

"남자가 식당에서 남은 반찬 싸달라고 하는 경우 보셨어요?"

"아직까지 보진 못한 것 같아요."

"반찬이 모자라지도 않는데 밥 다 먹어갈 때쯤 자기 입에 맞는 반찬을 리필해달라고 해요. 그런 다음에 싸달라고 하는 거죠. 처음에는 그게 좀 짠해 보여서 제가 솜씨는 없지만 계란말이라도 해서 갖다주고 반찬가게에서도 여러 번 사다줬었어요. 그런데 한두 번도 아니고 식당에 갈 때마다 매번 그러니까 나중에는 꼴 보기 싫어지더라고요."

"그렇잖아도 성실하지 못한 이미지인데 그런 모습까지 계속 보여주니 남자 행동이 찌질해 보였던 거죠?"

"맞아요. 자기 일 열심히 하고 뭔가 믿음직했으면 그렇게 아끼는 모습이 꼴사납진 않았을 거예요."

그녀는 타로를 보기 위한 질문을 하지 않고 계속해서 맺혀 있는 감정을 토해내느라 바빴다.

"얼마 전엔 무슨 일이 있었느냐면, 동호회 사람들이랑 같이 펜션으로 놀러갔었거든요. 저녁에 그 사람이랑 둘이 편의점에 간 거죠. 여럿이 먹을 간식거리랑 이것저것 필요한 게 많았어요. 계산대에 올려두고 점원이 봉투 필요한지 묻는데 여기서도 봉투 값 받느냐면서 그냥 가져가겠다는 거예요. 전 옆에서 이걸 어떻게 들고 가냐고, 그냥 봉투 사자고 하니까 둘이 들면 충분히 들고 갈 수 있다면서 결국 봉투 안 샀어요. 그 편의점이 펜션 바로 앞에 있는 것도 아니었고 한참 걸어가야 됐거든요. 둘이서 그 많은 걸 품에 안고 가는데 아, 진짜 내가 이렇게 봉투 50원 때문에 궁상떠는 남자랑 계속 사귀어야 되나? 하는 생각이 들면서 확 짜증이 나더라고요."

"남자분이 융통성이 없긴 했네요. 평상시에는 그래왔다 해도 그날은 살 물건도 많았고 여자친구가 있을 때만큼은 그런 행동을 자제할 수도 있었을 텐데."

"제 말이 그 말이에요. 아무리 아끼는 게 습관이라지만 돈 앞에서는 체면이고 뭐고 없는 사람 같아요. 제가 봉투 사자고 했을 때 그냥 못이기는 척 사야 되는 거 아네요? 그렇게 돈이 귀하면 악착같이 돈을 벌려고 노력하던가요. 뭔가 앞뒤가 안 맞아서 보면 볼수록 울화통이 터져요."

"네, 공감해요. 그런데 제가 이해가 안 되는 부분이, 여럿이 놀러간 거라면서요. 그러면 어차피 회비에서 나가는 돈 아니었어요?"

"맞아요. 제가 그 얘기도 했어요. 회비에서 N분의 1하면 되는데 왜 그렇게까지 했냐고요. 그랬더니, 남이랑 같이 내는 돈이라도 봉투 값은 아깝다는 거예요. 자기 동네 단골 슈퍼에서 어느 날 봉투 값을 내라고 했는데 자긴 그 다음부터 절대 그 슈퍼 안 간다고요."

"돈과 관련한 부분에서 강박이 있어 보이네요. 맘이 짠할 정도로요."

"전 이해가 안 돼요. 그런다고 돈이 모이는 것도 아닌데. 선생님, 저 어떻게 해야 될까요? 그 사람은 저랑 다르게 화낼 줄도 모르요. 차라리 그런 상황에서 같이 짜증내면 싸우고 헤어질 수도 있는데 항상 웃으면서 말하니까 싸움도 안 돼요. 그래도 너무 답답하니까 헤어지자고 결심했다가도 아끼는 게 나쁜 것도 아닌데 이게 헤어질 만한 이유가 되나? 싶어서 망설이게 돼요."

"남자분이 화는 안내지만 화를 유발하는 면이 있잖아요. 봉투 50원 아끼는 게 본인은 뿌듯할지 모르지만 옆 사람은 그 상황이 충분히 싫을 수 있죠. 게다가 물건을 불편한 자세로 들게 했잖아요. 그건 궁상맞은 걸 떠나서 상대에 대한 배려심이 없어서 생긴 문제죠."

"헤어지는 게 낫겠죠?"

"당장 안 볼 자신 있으세요?"

"잘 모르겠어요. 그렇게 물어보시니까 또 그럴 용기가 안 나네요."

"그러면 아직 정이 떨어진 게 아니에요. 정이 떨어질 만한 뭔가가 있어야 헤어질 용기도 나는데 아직 그 단계는 아닌 거죠."

나는 이어폰을 낀 채로 타로를 펼쳤다. 이날은 그녀의 이야기가 길어지면서 타로 카드를 뽑을 틈이 없었다. 언제 다시 전화가 걸려올지는 모르지만 상담을 마치기 전, 그녀에게 작은 조언이라도 해주기 위해 나 혼자 질문을 만들어 타로를 본 후 그녀에게 말해주었다.

"남자분은 그 습관을 오히려 자랑스럽게 생각하고 있네요. 고칠 생각이 없어요. 근데 지금 당장 헤어지지 않으셔도 돼요."

"그럼요? 언제 헤어져야 해요?"

"곧 남자분이 싫어질 만한 일이 생길 것 같은데요. 그렇게 심각한 건 아니니까 걱정 말아요. 그때 되면 자연스럽게 맘이 접어질 것 같아요."

"와, 다행이네요."

그렇게 상담이 끝나고 한 달 정도 지나 그녀에게 다시 전화가 걸려왔다.

"잘 지냈어요?"

"네, 저 그때 그 남자랑 헤어졌어요."

"언제 헤어졌는데요?"

"지난 주말에요. 그런데 선생님이 헤어지면 맘이 접어질 거라고 하셨는데 전 아직 미련이 남거든요. 그래서 타로를 다시 보려고요."

그녀는 헤어졌다고 했지만 나는 왠지 두 사람이 확실히 끝나지 않은 것 같은 느낌이 들었다.

"헤어지고 나니까 어떤 부분이 제일 미련이 남아요?"

"자꾸 불쌍한 마음이 들어요. 그날 그 사람에게 우린 진짜 안 맞는 것 같다고 그만 만나자고 하니까 자기가 너무 없는 사람이라 미안하다고 하더라고요. 그런데 이렇게 헤어지는 건 너무 아쉽다면서 동호회에서라도 보고 가끔 연락하는 사이로 지내자고 하는데……."

"그렇게 하기로 했어요?"

"그냥 대답 안 했어요."

"헤어지기 전에 무슨 일이 있었어요? 그냥 헤어지자고 하진 않았을 거 아니에요."

"제가 이번 주에 계약만기라 이사를 하거든요. 짐 정리하는데 그 사람이 도와준다고 온 거죠. 냉장고에 유통기한 지난 것들 있잖아요. 다 버리려고 한 군데에 모아놨는데 그걸 가져가겠다는 거예요. 순간 화가 치밀어서 막 뭐라고 했어요. 무슨 거지냐고, 내 앞에서 자존심도 없냐고 큰소리쳤어요."

"폭발했군요."

"네, 완전. 그게 그렇게 큰일은 아닌데 지난번에도 말씀드렸듯이 자기 일은 똑바로 안 하면서 조그만 거 하나에 연연하니까 더 이상 봐주기 싫었던 것 같아요."

"남자분 반응이 어땠어요?"

"웃으면서, 저더러 왜 화를 내냐고. 그래서 더 당황스러웠어요. 그런 말 들으면 같이 화내야 되는 거 아녜요?"

나는 그녀의 이야기를 들으며 카드를 섞었다.

"카드에는 남자분이 관계가 끝났다고 인정하거나 체념하는 느낌이 없어요. 조만간 연락이 올 것 같은데요? 이삿날이 정확히 언제죠?"

"다음 주 금요일이요. 정말 연락이 올까요?"

"타로에 나온 대로라면 오고도 남죠. 그런데 재회를 원하시는 거예요?"

"꼭 그런 건 아니지만, 아직 미련이 남아서요."

"그 유통기한 지난 식품 달라고 한 게 정 떨어질 만한 이유는 아니었던 거죠."

"그럼 뭐가 더 있을 수 있다는 말씀인가요?"

"네, 아마 다음에 저한테 연락 주실 때는 관계가 완전히 정리된 다음이지 않을까 싶네요."

"네, 저도 한 번은 더 만나보고 나서 헤어지고 싶어요. 이사하고 나면 연락드릴게요."

그녀는 이사한다던 날짜로부터 2주가 지나서야 내게 연락했다.

"선생님, 정말이었어요. 이번엔 진짜 끝이에요, 끝."

"좋은 소식으로 받아들여도 될까요?"

"네, 제 속이 후련한 거 보면 좋은 소식인 것 같아요."

"그래요? 어떻게 된 일인지 말해봐요."

"이사 전날 톡이 온 거예요. 아침 일찍 와서 이사하는 걸 도와주겠다고 해서, 이삿짐 업체 아저씨 두 분이나 오시니까 괜찮다고 했거든요. 그래도 여자 혼자 있으면 안 된다고, 남자가 지켜보고 있어야 일처리를 제대로 해준다면서 꼭 온다는 거예요. 좀 고맙더라고요."

"그렇게 말했을 땐 든든했겠네요."

"그러니까요. 저도 그게 좀 걱정이긴 했거든요. 혹시나 여자라고 무시하고 일을 대충 해줄까 봐 신경이 쓰이던 와중이었는데 그렇게 먼저 연락해서 오겠다고 하니까 다시 만나고 싶은 맘도 들었어요."

"그런데 마냥 든든한 느낌만 들진 않네요. 그분 무슨 꿍꿍이가 있어서 오는 느낌이 드는데요?"

"맞아요! 저는 진짜 저 생각해서, 순수한 마음으로 와주는 거라고 믿었거든요? 그런데 그 인간이 오자마자 왜 온다고 했는지 바로 알았어요."

"혹시 탐내는 물건이 있었나요?"

"오, 네! 딱 그거였어요. 제가 전부터 버릴까 말까 하던 수납장이 있거든요. 새 집에 가져가면 마땅히 둘 데도 없고, 버리자니 너무 새 거라 고민하던 거였어요."

"그걸 달라고 한 건가요?"

"네, 제가 버릴지 말지 고민한 걸 그 사람이 알거든요. 정말 너무하지 않아요?"

"그거 하난 순수한 마음으로 온 게 맞네요. 수납장을 순수하게 갖고 싶어서."

그녀는 그가 갖고 싶어 하던 수납장을 주지 않았다. 그는 완전한 포기가 어려웠는지 다음에 혹시라도 버리게 되면 자신에게 꼭 연락을 달라고 했다. 그리고 그녀가 수납장을 못 준다고 말했을 때 실망한 표정으로 이삿짐 나르는 일을 조금 도와주다가, 일이 있어서 가봐야겠다며 급히 자리를 떴다고 한다.

"더 황당한 게 뭔지 아세요? 이사하고 난 다음 날 톡이 왔는데 이거 보면 선생님도 아마 웃으실 거예요."

그녀가 내민 핸드폰 속 그의 메시지를 읽어보았다.

— 은실아, 다시 사귀자고 안 할 테니까 내 부탁 하나만 들어주면 안 될까? 지난번 너희 집에서 내가 썼던 베개랑 오리털 이불 말이야. 그거 나 주면 안 돼? 그때 써보고 너무 맘에 들어서. 그 두 개 주면 수납장 안 줘도 좋아.

나는 그의 톡을 보면서 웃음이 나오기보다는 쓸쓸함을 느꼈다. 그는 마치 돈 없이도 잘 살아갈 수 있다는 것을 증명하기 위해 고군분투하는 사람 같아 보였다. 그가 그동안 만나온 여성들은 어땠을까. 혹시 그는 자신의 결점을 감싸줄 수 있을 것 같은, 너그럽고 화통한 이미지의 여성에게만 다가갔던 건 아니었을까.

집착으로 보일 만큼 강한 그의 욕심은 그녀가 통제할 수 있는 영역이 아니었다. 오랜 시간 되풀이되어 온, 남들이 모르는 그의 '카르마'이기 때문이다. 그녀는 상담을 통해 혼란스러운 관계에 대한 주도권을 스스로 손에 쥐고 행동하는 연습을 했다. 그리고 그에 대한 감정이 남녀 간의 애정이 아닌, '인간적 끌림'이었다는 것도 알게 되었다.

그는 '인간적 끌림'을 유도해서 동정심을 갖도록 상황을 연출했지만 실패했다. 아끼는 문제에 있어서는 체면도 자존심도 없는 그의 성향을 온전히 받아줄 수 있는 여성을 찾기란 쉬운 일이 아닐 뿐더러 설령 만났다 하더라도 그 관계를 유지하는 것 또한 어려운 일이다.

나는 그가 현재 처한 현실보다 가난한 마인드로 살아갈 것이 더 염려스럽다. 돈은 언제든 벌 수 있지만 가난한 습관은 고치기 힘들 뿐 아니라, 사랑하는 연인에게 고통을 주기 때문이다.

21

애매하게
잠수 타던 남자가
당황한 이유

◆

"선생님, 저 드디어 남자친구 생겼어요!"

30대 초반의 단골 내담자 인주 씨가 희소식을 전해온 것은 나에게 전화로 상담을 받은 지 2년 만의 일이었다. 남자는 언제쯤 생기는지, 호감 가는 남자와 잘 될지, 늘 애타는 마음으로 질문하던 그녀였기에 더 반갑고 궁금했다.

"일단 축하해요. 제가 남자 볼 때 어떤 것부터 살펴보라고 했는지 기억나요?"

"네, 동공이요."

"동공 풀린 느낌 없죠?"

"제가 보기엔 눈이 맑아 보였어요. 사진 보여드릴까요?"

"네, 다른 날에 찍은 사진들로 몇 장 보내봐요."

내가 사진을 보여달라고 하는 데에는 그만한 이유가 있다. 과거부터 연애가 잘 풀리지 않았다고 말하는 내담자들이 늘 비슷한 인상을 가진 남자를 선택하는 경우가 종종 있기 때문이다.

실제로 보는 것만은 못하지만 얼굴 전체 느낌, 눈을 뜬 모양새와 눈빛을 보고 대략적인 감을 얻은 후 타로 카드를 뽑는 나만의 방식이기도 하다.

"남성미가 흐르는 느낌은 아니네요. 여성적이고 순해 보이는 인상이긴 한데 눈에 힘이 너무 없어요. 이런 인상을 가진 남자들은 뭔가 숨기는 게 많아요."

"아, 눈에 힘이 없어요? 그럼 어떡하죠?"

"어떡하긴요. 이미 남자친구라면서요. 어떤 사람인지 알아봐야죠."

그녀는 일단 남자의 외모가 마음에 들고 곱상한 얼굴과는 달리 저돌적인 성격에 매력을 느꼈다고 했다.

"어떻게 만났어요?"

"친구 생일날 레스토랑에 밥 먹으러 갔을 때 옆 테이블에 있던 그 사람이 먼저 다가와서 번호를 물어봤어요."

"맨정신으로 번호를? 용감한데요."

"네, 저도 당황스럽긴 했죠. 그런데 술 취해서 물어봤음 싫었을 텐데 멀쩡하게 와서 그러니까 저도 호기심이 생겼어요. 인상도 괜찮아 보여서 얼떨결에 번호를 줬어요."

"자기 이상한 사람 아니라고 하지 않던가요?"

"오, 네! 진짜 그 말도 했어요. 원래 이런 사람 아니니까 이상하게 보지 말라고요."

"번호 가져가고 연락은요? 자주 했어요?"

"네, 엄청요. 연락은 자주 하는데 만나자고 보채거나 그러지도 않아서 신뢰감이 가더라고요."

"그래요? 만나자는 말을 안 하는 게 왜 신뢰감이 들어요?"

"제 마음의 준비가 될 때까지 기다려주는 느낌이 들어서요."

"그렇게 느낄 수도 있겠네요. 그럼 만나긴 했어요?"

"네, 사귄 지 한 달 됐는데 두 번 만났어요."

"만나보니까 어때요?"

"단둘이 만나보니 너무 자상해요. 내가 이런 대접을 받아도 되나 싶을 정도로요. 이 사람이랑 오래가고 싶은데 잘 될까요?"

한껏 들떠있는 그녀가 보내준 남자의 사진을 보며 카드를 뽑았다.

"그 사람 어디 살아요?"

"저희 집에서 도보로 10분 정도 될 거예요. 전철역 부근이라고 했거든요."

"다음에 만나시면 혼자 사는지 슬쩍 물어보세요. 왜냐고 물으면 집으로 한번 초대해달라고요."

"네, 근데 그건 왜요, 선생님?"

"타로로 봐선 그분이 싱글이라는 확신이 들지 않아서요."

"애인이 있다는 말씀이세요?"

"결혼한 사람 같아 보여요. 부인과 이혼을 앞두고 있거나 별

거 중일 가능성도 있겠네요."

"저도 왠지 그 부분을 불안해하긴 했는데⋯⋯. 아닐 수도 있는 거죠?"

"네. 틀릴 수도 있어요. 그래도 마음에 걸리니까 예의주시하고 있는 게 좋겠어요. 그러려고 타로 보는 거잖아요."

"알겠어요. 그런데 말만 들어도 떨리네요. 아니었으면 좋겠어요."

그녀는 침울한 목소리로 전화를 끊었다.

3주가 지나 다시 그녀에게서 상담 요청이 왔다.

"잘 지냈어요?"

"뭐가 뭔지 모르겠어요. 갑자기 회사 일로 머리가 아프다면서 당분간 연락 못 할 거라네요."

"그게 뭐죠? 연락을 아예 하지 말자는 것도 아니고 당분간 못하겠다니."

"그걸 저도 모르겠어요. 그렇게 말은 했어도 제가 톡을 보내면 늦게라도 답을 해줬거든요. 그런데 오늘 점심때쯤 이렇게 톡이 왔어요."

― 잘 지내고 있어. 아프지 말고. 생각할 시간을 충분히 가지려고 혼자 멀리 여행왔어.

"뭔가 어이없고 식상하네요. 최대한 욕 안 먹기 위해서 노력하는 사람 같아요. 언제든 다시 돌아올 구실을 만드는 전형적인 톡이에요. 최근에 이상한 낌새 같은 건 없었어요?"

"지난주에 둘 다 술을 많이 마셨거든요. 처음으로 모텔을 가는 도중 선생님이 지난번 해주신 얘기가 얼핏 생각나서 그냥 오빠 집에 가고 싶다고 했는데 별 거리낌 없이 데려가더라고요."

먼저 잠에서 깬 그녀는 출근 준비를 위해 남자를 깨우지 않고 집으로 돌아왔는데 남자의 행동이 바뀐 것은 그 다음 날이었다.

"같이 자고 저 혼자 집으로 온 날은 회사 가서 톡도 잘 보내고 자기가 실수한 거 없냐고 물어보기도 했거든요. 퇴근하고 나서부터 아예 연락이 없었어요. 다음 날 제가 전화했는데도 안 받았고요."

나는 그녀의 이야기를 들으며 카드를 뽑고 타로 결과를 사진으로 찍어 전송한 뒤 설명했다.

"카드 분위기를 보니 그분은 인주 씨를 포기하지 않았어요. 지금 당장 급한 불을 끄고 있는 느낌인데, 왠지 다른 애인이 다음 날 저녁에 집에 왔다가 인주 씨가 다녀간 흔적을 본 것 같아요."

"저 말고 또 다른 애인이요?"

"네, 그럴 가능성이 보여요. 사진 속 카드그림 보시면 남자가 저울질하고 있고 이 남자를 주관하는 한 여자그림 옆에는 탑이 무너져 내리는 그림이 있죠. 그 여자 입장에선 갑작스런 사건을 접한 거고 심적 변화가 생긴 것 같네요. 그러니까 회사 일로 머리 아프다는 건 핑계일 가능성이 크죠."

"저 지금 손 떨려요. 저 아직은 그 사람 좋아하는데 이를 어쩌죠?"

"일단 카드가 말해주는 소견이 이렇게 나온 거고 우리가 진실을 확인한 건 아니지만 그 사람 말이나 행동이 벌써부터 신뢰를 깨고 있는 것은 분명해요. 그렇죠?"

"네, 전 왜 항상 이런 사람만 꼬일까요?"

"그런 사람이 인주 씨 눈에 매력 있으니까요. 어차피 인주 씬 얼굴이 예쁘기 때문에 레스토랑이 아니라 김밥가게에서도 남자는 꼬일 수 있어요. 그런데 남자가 다가온다고 다 오케이 하진 않잖아요."

"그럼 제가 비슷한 사람만 받아들이는 거네요? 할 말이 없네요."

"네, 그래서 제가 항상 얘기하잖아요. 인기가 있을수록 가만히 있지 말고 좋은 남자를 먼저 골라서 다가가라고요. 자꾸 선택만 당하길 기다리니까 이런 결과가 오잖아요."

"네, 그런데 만약 제가 대시했다가 안 받아주면요?"

"안 받아주면 기분 좀 나쁘고 넘겨야죠. 겪어봐서 아시겠지만 나 좋다고 난리쳐서 사귀어줘도 좋지만은 않았잖아요. 별 의미 없어요."

"그러네요. 그럼 전 이대로 그 사람 포기해야 할까요? 뭔가 아쉽고 억울한데……."

"집이 가깝다고 했죠? 혹시라도 동네에서 마주치면 어떻게 할 거예요?"

"글쎄요, 제가 먼저 피하거나……. 잘 모르겠어요."

"큰 소리로 인사하는 게 좋을 것 같아요."

"그게 될까요? 죄 지은 건 없지만 괜히 주눅들 것 같은데……."

"그러니까 큰 소리로 인사하는 거죠. 뭐라고 하는지도 보고, 또 거기에 맞춰서 계속 하이 톤으로 크게 얘기하면 그 사람은 불안해할 거예요. 인주 씨는 반대로 우월한 기분이 들 거고."

"그럴까요? 미리 연습해놔야겠어요."

"생각보다 쉬울걸요? 곧 마주칠 거예요."

"그 사람이 이사가지 않는 한 왠지 마주칠 것 같긴 해요."

일주일 후, 그녀에게서 상담요청 문자가 왔다. 한껏 고조된 목소리였다.

"선생님, 대박사건이에요."

"얼마나 대박인지 들어봅시다."

"한 시간 전에 만났어요, 그 사람."

"어디서요?"

"마트에서요. 부인인지 애인인지 같이 장보고 있더라고요."

"인사했어요?"

"네, 제가 상담하고 일주일 동안 잠을 제대로 못 잤거든요. 만나면 어떻게 할지 계속 생각하느라. 그런데 진짜로 만났어요."

"축하할 일인지 모르겠지만 축하해요."

어떻게 말해야 좋을지 몰라 잠시 방황하던 그녀의 입에서 나온 이야기는 흥미로웠다.

"그 사람이 혼자 있었으면 오히려 못 다가갔을 텐데, 옆에 여자가 있으니까 너무 짜증나는 거예요. 그러면서 다가갈 용기가 딱 생기더라고요."

그녀가 말한 당시의 상황은 이랬다.

— 인주: 오빠! 잘 지냈어? 안녕하세요? (옆에 있는 여자를 보며 상냥하게 인사)
— 남자: 어, 그래. (몹시 당황한 표정)
— 인주: 일 때문에 머리 복잡해서 멀리 여행갔다고 하지 않았어? 생각보다 빨리 왔네?
— 남자: …….
— 인주: 참, 나 지난번에 오빠 집에서 잔 날 욕실에 팔찌 풀어놓고 그냥 나왔는데, 혹시 못 봤어? 그거 전 남자친구가 사준 건데 14k라 못 버리고 있었거든.

순간 남자는 사색이 되어 장바구니를 든 채 아무 말 없이 서 있고 옆에 있던 여자는 남자를 째려보며 어이없는 표정을 짓고 있었다. 그녀는 남자에게 팔찌를 찾으면 연락 달라는 말을 남기고 돌아섰다.

"대단한데요?"
"여자랑 같이 있는 거 봤을 때 열이 좀 받아서 그렇지 선생님 말씀대로 큰소리로 인사하기 시작하니까 말이 술술 나오는 거예요. 게다가 마트가 좀 시끄럽고 어수선하잖아요. 큰 소리로 말하기 딱 좋은 분위기였어요."
"장소도 탁월했네요."
"솔직히 거기서 그렇게 마주치기 전까진 너무 힘들었어요."
"당연하죠. 다시 이어질 여지가 있을 때 제일 힘들죠."
"네, 아직 끝난 게 아니라는 생각이 드니까 혼란스럽고 불안했어요. 그런데 여자가 있는 걸 눈으로 확인하니까 맘이 접어지더라고요."
"힘들고 억울한 건 괜찮은 거죠?"
"네, 살아난 것 같아요. 그런데 그 여자 부인일까요, 애인일까요?"
"그건 굳이 타로로 보지 말죠. 볼 것도 많은데."
"네."(웃음)

다른 일에는 겁 많고 소심해도, 끌리는 여성에게만큼은 용감하게 다가가는 남자들이 있다.

그들은 타로 카드 속 인물 중 '바보'와 닮아 있다. 바보는 순수하고 낙천적이고 앞일을 크게 생각하지 않는다. 자신이 좋을 때는 낭만적이고 자상하다가 마음이 시들해지면 나 몰라라 한다. 바보이기 때문에 뒷수습을 할 줄 모른다. 그런데 그 바보 같은 남자에게 여자들은 열광한다. 바보들은 모성본능을 일으키기 때문이다. 답답하고 제멋대로인 바보들을 미워할 수 없어서 바보의 여자친구들은 어떻게든 그들을 바로잡기 위해 애를 쓰지만 에너지만 낭비된다. 바보들은 자신이 바람을 피워도 바람이라 생각하지 않을 만큼 자신의 행동이나 감정 자체를 검열하지 않는다. 참 나쁘고 순수하다.

그녀는 훈훈한 외모, 위트 있고 자상한 성격까지 갖춘 남자를 포기하기 쉽지 않았다. 그녀가 만난 이전의 연애 상대도 비슷한 이미지의 남자들이었고 특별한 이유 없이 남자들이 멀어졌다. 그것은 우연이 아닌 익숙한 것을 좋아하는 본능이 만들어낸 '습성에 의한 결과'라고 볼 수 있다. 내 부모를 외형적으로 닮은 사람에게 끌리고 나에게 상처준 사람과 닮아 있는 사람에게도 끌린다는 사실을 알면 같은 실수를 반복할 확률이 크게 줄어든다. 설사 잘못된 연애에 빠져들었다 해도 정신 차리고 벗어날 힘이 생긴다.

우리는 꼭 기억해야 한다. 익숙하기 때문에 끌린다는 사실을.

한 달 후, 그녀는 자신의 근황을 톡으로 전해왔다. 최근 중국어와 수영을 배우기 시작했고 남자는 이사를 갔는지 도통 보이지 않는다고 했다.

♦

벌써 6년 전 일이다. 예쁘장한 얼굴과 아나운서 같은 침착한 말투가 꽤 인상적이었던 그녀는 심리타로를 보는 건 처음이라고 했다.

"오늘 무슨 고민으로 저를 찾아오셨어요?"

크고 맑은 눈에서 금방이라도 눈물이 떨어질 것 같은 그녀가 조심스럽게 입을 열었다.

"제가 작년에 행시에서 떨어졌어요. 올해도 자신이 없네요."

"고시 문제로 오신 건 아닌 것 같은데, 혹시 공부에 집중이 안 되는 다른 이유라도 있으신 거예요?"

"네, 남자 때문예요."

"현재 사귀고 계신가요?"

"네, 매력이 철철 넘쳐서 사귀었죠. 그런데 이제 보니 사귀는 사이가 아닌 것 같아요."

"사귀기로 하고 만난 게 아니었어요?"

"그게……, 처음 만난 날 키스를 했거든요. 저를 쉽게 보면 어쩌나 걱정했는데 다음 날부터 계속 연락이 왔어요. 그래서 사귀는 걸로 생각했죠. 확실한 말은 없었고요. 한 달 정도 지나도 왠지 마음이 안 놓여서 우리 사귀는 사이가 맞는지 물어봤었어요. 그런데 애매하게 대답하더라고요."

"확인받기 위해 물어본 걸 텐데. 기분 나빴겠는데요?"

"네, 엄청요. 아무래도 제가 잘못 걸려든 게 아닌가 싶었어요."

혼자서 국내여행을 즐기는 그녀는 정동진 가는 기차 안에서 한 남자를 만났다. 그가 다가가 말을 걸면서 시작된 두 사람은 영화 '비포 선라이즈'를 연상시켰다. 그런 끌림은 태어나 처음이라고 했다. 너무나 자연스럽고 영화 같은 만남이었다. 지금도 그때의 기억이 자신을 흔들어버린다고 했다.

그는 출중한 외모에 일류대를 다니는 학생이었다. 외모를 중요하게 여기는 자신의 이상형과 일치하고 학벌을 중요시 하는 어머니의 바람과도 맞아떨어졌다. 그녀는 그가 자신의 운명이라 믿고 오로지 그에게 몰두했다.

"평소 데이트는 어땠는지 궁금하네요."

"제가 살고 있는 오피스텔에서 주로 만났어요. 어쩌다 사람들이 있는 커피숍에서 만나게 되면 오래 있지 못하고 그 사람이 늘 공부 핑계를 대고 일찍 들어가더라고요."

"팔짱끼고 길거리 걸어본 적 있어요?"

"아뇨. 사람 붐비는 곳 싫어한다고 늘 그랬어요."

그녀의 이야기를 들으며 남자의 성향을 타로로 펼쳐본 나는 조금 우려했던 결과를 어떻게 설명해야 좋을지 몰라 잠시 망설였다.

"혹시 남자분의 성적 취향이 독특한가요?"

"네? 카드에 변태라고 나오나요?"

"음……, 그렇게 표현할 수도 있지만 카드에서 보이는 느낌을 말씀드리면, 공부에 대한 스트레스를 성적 판타지로 푸는 것 같아요."

"생각해보니 그런 것 같기도 해요. 자기는 평범한 체위로 섹스를 하면 다음 날 공부가 잘 안 된다고 했어요. 사실 그 부분을 맞춰주는 게 적응이 안 됐고 지금도 어려운 문제예요."

"마치 자기 공부를 위해서 짜릿하게 해야 된다. 뭐 그런 뉘앙스네요?"

"네, 그런 뜻 같아요. 섹스에 관해선 너무 솔직하니까요."

"체위 말고 따로 더 요구하는 부분이 있나요?"

"저는 치마를 안 입는데 그 애는 제가 늘 스타킹을 신길 원했어요. 잠자리 가질 때도요."

"섹스 취향이 전혀 안 맞는 것도 문제지만 남자분이 일방적으로 자기 스타일을 강요하는 느낌이 드네요."

"네, 자기 취향을 안 맞춰주면 말투가 차가워졌어요."

"원하지 않는데 억지로 맞춰주는 이유가 뭐라고 생각해요? '좋아하니까' 같은 거 말고요."

"외모가 전체적으로 너무 제 이상형이에요. 옷도 센스 있게 입고요. 솔직히 연예인이랑 사귀는 기분이 들어서 포기가 안 되는 것 같아요."

"항상 들떠 있는 기분이 들게 해주겠네요, 그 남자 외모가."

"맞아요. 제가 남자 외모에 많이 민감하고 눈이 높다는 건 알지만, 그 사람이랑 헤어지면 못 잊을 것 같아요. 그래서 싫지만 참았어요."

"안목을 더 높여야겠는데요?"

"네? 여기서 더요?"

"인간미도 추가하셔야죠. 어떻게 외모만 봐요. 그건 너무 위험하잖아요."

나는 과연 이 남자가 그녀 한 사람만 만나고 있는 건지 궁금했다. 그 잘난 외모로 더 많은 여자들에게 무드를 활용해 자신의 욕구를 충족시키고 있는 건 아닌지 말이다.

"여기 보시면, 카드 속 그림이 어떻게 느껴지세요? 저는 그 남자가 현재 성적으로 만족이 안 돼서 다른 여자들을 물색하고 있는 모습으로 보여요."

"저 말고도 만나는 여자가 있다는 건가요?"

"아뇨. 아직 양다리 단계는 아닌 것 같고 비슷한 방식으로 여자들에게 접근하려는 생각인 듯해요."

"그럼 다른 상대가 나타나면 양다리 걸칠까요?"

"두 명을 동시에 계속 만나는 일반 양다리와는 좀 구분돼요. 이렇게 말하면 이해가 되실지 모르지만, 감정적 효율보단 현실적인 효율성을 더 중시하는 스타일인 거죠. 자기 성적 취향만 맞춰주면 한 사람만 집중적으로 만날 거예요. 대신 욕구가 충족이 안 되면 자기 취향에 맞는 여자를 찾아 나선 다음, 찾게 되면 원래 만나던 여자를 떠나버리는 거죠."

"꼭 양다리만 나쁜 놈은 아니네요. 너무 싫어요."

"네, 그렇다고 남들처럼 평범한 데이트를 하려 하지도 않으니 여자 입장에선 최악인 거죠."

"선생님 설명 들으면서 환상이 조금씩 깨져요. 억울하기도 하고요. 이거 좋은 현상인 거죠?"

"바람직한 현상이죠. 다만 그 남자의 첫 느낌에서 빠져나오려면 시간이 필요해요. 그런데 왠지 하실 수 있을 것 같아요."

삼십여 분의 짧은 상담을 마치고 그녀는 한결 밝아진 얼굴로 일어서며 말했다.

"관계 정리 확실히 하고 나서 다시 찾아올게요. 정말 감사해요."

그렇게 돌아간 그녀는 한 달이 채 되지 않아 다시 나를 찾아왔다.

"선생님, 저 봉변당했어요. 아니 당할 뻔했어요."

"뭔데요? 자세히 얘기해봐요."

그녀는 지난 번 상담 후 그와 헤어질 결심을 했지만 당장 외로울 자신이 걱정됐다고 한다. 다른 사람을 만나보면 이별이 쉬울 것 같아서 소개팅을 했고 외모는 평범하지만 자신을 진심으로 대해주는 자상한 사람을 만난 것이다. 그 사람을 만나는 동안 하루하루 마음에 안정을 얻으면서 헤어질 수 있다는 확신이 들자 남자에게 그만 만날 것을 통보했고 그는 크게 개의치 않은 반응이었다고 한다.

그렇게 끝났다고 여긴 어느 날 밤, 남자는 그녀의 오피스텔로 불쑥 찾아왔다.

"그래도 전 그렇게 찾아온 거 보고 제게 일말의 미련이 있구나 생각했어요. 갑작스럽게 문자로 통보한 거라 본인도 속으론 당황스러웠을 테고 이왕 온 거 차 한잔 주고 저도 못했던 말 속시원히 하려고 들어오라고 했거든요."

"들어오라고 한 게 후회될 만한 일이 생겼나 봐요? 듣기 전부터 찜찜해지네요."

"다시 생각만 해도 너무 충격이고 역겨워요."

"뭐라고 하던가요?"

"우리 관계에 대해선 일절 말이 없고 뜬금없이 친구가 올 거라고 하는 거예요. 그래서 이 근처에서 만나기로 약속한 건지 물었더니 제 집으로 온다는 거예요. 그래서 제가 처음으로 화를 냈어요. 얼굴도 모르는 친구를 왜 네 맘대로 내 집으로 부르냐고요."

"그러네요. 왜 자기 멋대로 친구를 불렀죠?"

"……셋이서 섹스를 하자고 하더라고요."

잠시 정적이 흘렀다. 그녀는 상기된 얼굴로 앞에 놓인 음료를 들이킨 후 말을 이어갔다.

"처음엔 그게 무슨 말인지 몰라서 재차 물었어요. 그랬더니 제 눈을 똑바로 보고 입에 담기 민망한 그 말을 뻔뻔하게 내뱉으면서, 어떻게 하는 건지 설명까지 하더라고요. 그 태도 때문에 더 충격이었어요."

"완전 엽기네요. 주먹으로 한 대 갈겨주지 그랬어요."

"일어나서 손바닥으로 머리 한 대 내려치고 그대로 뛰쳐나왔어요."

"내쫓지 않고 그냥 나왔어요?"

"네, 뭔가 무섭기도 하고 나가라고 해도 쉽게 나갈 것 같지 않아서요."

그녀는 지갑과 핸드폰만 챙겨 도망치듯 집을 나섰고 택시를 타고 남자친구 집 앞으로 향했다. 그날 남자친구에게 자신의 상황을 솔직하게 털어놓았다고 한다.

"남자친구도 많이 놀랐겠어요."

"네, 말하면서도 괜한 고백을 하는 건 아닌지 신경쓰였는데 생각보다 제 얘기를 침착하게 들어줘서 고맙더라고요. 어떻게 만났는지는 자세히 말하지 않았어요."

"네, 지금은 두 분 다 괜찮은 거예요?"

"전 괜찮아요. 남자친구는 어떨지 모르지만요. 그런데요, 선생님……. 이런 꼴 당하고도 그 인간한테 미련이 남아요. 저 완전 미쳤죠?"

"그건 그 사람 자체에 대한 미련이라기보다 여자로서 대우나 존중을 못 받은 것에 대한 분노 때문에 쿨해지지 않아서 생긴 감정 같은데요."

"그런 것 같아요. 다시 사귀라면 안 사귈 건데 억울하고 괘씸해서 떨쳐내지지가 않아요."

"그게 정상이에요."

"어제 남자친구를 만났는데 그 인간 찾아가서 망신 줘야겠다고 하는데, 말리는 게 낫겠죠?"

"아뇨, 괜찮은 것 같아요. 카드는 해보라고 얘기하는데요? 남자친구 혼자 보낼 거 아니죠?"

"그게 고민돼요. 죄지은 것도 없는데 그 사람 얼굴을 볼 자신이 없어요."

"같이 가세요. 남자친구가 옆에 있잖아요. 그 사람 그날 얼굴이 죽상일 거예요. 가서 찌질한 모습 보고 오세요. 직접 대면해서 초라한 모습을 보면 다리 뻗고 잘 수 있어요."

나는 그녀가 그를 꼭 만나길 바랐다. 왠지 그래야만 그녀가 그에 대한 미련을 떨칠 수 있을 것 같았다.

일주일 후 그녀는 밝은 얼굴로 나를 찾아왔다.

"잘 만나고 왔어요?"

"네, 큰일 하나 해낸 기분이에요. 할 얘기 있다고 미리 연락하고 남자친구랑 그 애 학교로 갔어요."

"모습이 어떻던가요?"

"머리는 부스스하고 밤샌 사람처럼 몰골이 말이 아니었어요. 남자친구는 근처에 잠깐 있다가 오게 했어요."

"그날 저지른 일에 대해선 얘기해봤어요?"

"네, 남자친구가 물어보려던 걸 제가 먼저 물어봤어요. 두말 않고 미안하다고 사과하더라고요."

"그래도 바로 인정했네요. 남자친구가 나타나고서 그의 반응은요?"

"남자친구가 무표정일 때 인상이 좀 무섭거든요. 나타나자마자 겁먹은 얼굴이었어요. 그 자리에서 남자친구가 그를 쳐다보면서 큰 소리로 또박또박 얘기했어요. 지나가는 사람 다 들리게요. 성폭행 미수로 신고해도 되겠냐고. 그랬더니 자긴 성폭행할 생각이 없었다고 하는 거예요. 그럼 모르는 남자는 왜 불렀냐고 했더니 아무 말 못 하고 고개 푹 숙이고 있더라고요."

그녀의 남자친구는 그를 무릎 꿇게 하고 용서를 빌게 했다. 무릎 꿇은 사진을 찍어 증거로 남겼고 다시는 그녀에게 접근하지 못하도록 각서를 쓰게 했다.

"속이 너무 후련했어요. 선생님 말씀대로 힘없고 초췌한 모습 보니까 너무 마음이 안정됐어요. 그러면서도 연민의 감정이 들었는데 그건 왜일까요?"

"이제 심리적으로 위치가 바뀐 거죠. 예전에는 그 사람을 갑이라 생각했었잖아요. 영향을 크게 받았으니까요. 그런데 지금은 든든한 남자친구도 있고 사과도 받았으니 내가 갑이 된 거죠."

"아, 그렇군요."

그녀는 진심으로 기쁜 표정이었다.

"앞으로도 그 인간 생각이 전혀 안 나진 않겠죠?"

"생각나도 상관없어요. 한 번에 싹 잊히면 좋겠지만 오히려 잊어서도 안 되죠."

이 사례를 돌이켜보며 원고를 쓰는 동안 모 연예인의 '단톡방 음란물 유포 사건'이 터졌다. 여성과의 성관계 영상을 몰래 촬영해서 채팅방에 수시로 올려 다른 멤버들과 공유해온 충격적인 사건이었다. 나는 그 사건에서 그가 동영상을 띄운 뒤, 멤버들에게 했던 말들에 주목했다. 성관계 영상을 찍으려다 여성에게 발각된 상황을 설명하던 그는 "사귀는 척하고 할 수 있었는데"라고 했다. 그 부분을 읽었을 때 많은 생각이 들었다.

사귀는 척하고……. 만약 여성에게 사귀자고 거짓말을 했다면 성관계와 동영상 촬영에 성공했을 거란 뜻이다. 그가 만나온 여성들이 사귀는 것을 전제로 했을 때 기꺼이 성관계에 동의한 적이 많았던 자신의 경험을 내비친 것만 같았다. 그리고 그 사건의 밑바닥에 그와 섹스한 뒤 연락이 끊겨 약이 올랐던 여성들 또한 얼마나 많았을지 생각하게 만드는 대목이었다.

성 중독은 인간을 무력하게 만들기도 한다. 늘 피로감에 젖어 있고 웬만한 일들은 즐겁지 않다. 감사할 만한 일도 없다. 섹스의 흥분만이 자신의 무의미한 삶을 구원해준다고 믿는다.

그 모든 것은 자기 정체성을 모르는 것에서 출발한다. 자기를 모르면 돈이나 명예도 기쁘게 다가오지 않는다. 일류대에 다니면서 섹스파트너를 찾아 헤매던 남자도 그렇다. 애초에 진정성 있는 관계 따윈 원하지 않았기에 연인과의 관계에서 오는 '포근한 느낌'도 알 수 없다.

도둑촬영을 하고 집단 섹스를 하려는 것이 비정상적이고 잘못되었다는 것은 그들 자신도 알고 있다. 그러나 성 중독은 마약 중독처럼 이성보다 쾌락이 우선이기 때문에 기어코 본능대로 행동하고 만다. 삶이 힘들어서 지속하는 게 아니라 그 자체가 이미 좋아져서 지속하는 것이다.

가끔 성 중독으로 힘들어하는 일반 남성 내담자가 상담을 요청해올 때가 있다. 그들은 섹스 중독으로 괴로워하면서도 그것으로부터 해방되고 싶어 하지는 않는다. 성적 자극이 없는 인생은 상상할 수 없다고 한다. 치료의 길이 있음에도 불구하고 쾌락에서 벗어나기를 거부한다.

남자의 볼품없는 마지막 모습을 봤던 그녀는 이듬해 행정고시에 합격했다는 소식을 전해왔다. 그 사건 이후 오래전부터 조금씩 앓고 있던 우울증 증세까지 개선되어 즐거운 나날을 보내는 중이라고 했다. 그녀가 덤으로 좋은 변화까지 얻을 수 있었던 건, 당시 겪은 일이 자신에게 트라우마로 굳어지지 않도록 적극적으로 조언을 받아들이고 대처했기에 가능한 일이었다.

세상을 속이던
그가 놓친 것들.
'리플리 증후군'

♦

"무슨 소리야? 이 시간에 세탁기 돌아가는 소리가 들리네?"
"아, 우리 집에서 일하는 아주머니가 지금 빨래 돌리고 계신가 봐."

가사 도우미 아주머니가 이틀에 한 번 집으로 오신다고 했던 그는 자신의 아버지는 신경정신과 의사이고 집은 강남이라고 했다. 사귄 지 일주일 즈음 지나 그는 별 대단할 것도 없다는 듯 자신의 집안 배경을 설명했다. 귀티가 흐르는 하얀 피부에 호리호리한 체격, 깔끔한 옷차림새는 왠지 그가 설명한 배경과 어울려 보였다.

그는 서울에 있는 모 대학을 휴학하고 커피숍에서 아르바이트를 하고 있었다. 집이 부자인데 어떻게 해서 아르바이트를 하게 되었는지, 엄마 얘기는 왜 한 번도 안 하는지, 전혀 궁금하지 않았다. 처음부터 기대감이 없었기 때문이다. 그저 찔러만 보다 돌아서버릴 등신 같은 남자들 중 하나일 거라 생각했다. 그런데도 나는 외로운 게 싫어서 신뢰가 가지 않는 그를 계속해서 만났다.

그는 유난히 내 말을 듣고 잘 웃어주었다. 항상 나를 치켜세워주고 어딜 가든 늘 함께하려 했다. 자신감이 부족했던 나에게 보여준 그의 행동은 정서적으로 큰 영향을 미쳤다. 나는 점점 그의 칭찬과 웃음에 중독되어 갔다. 하지만 그 달콤한 느낌은 오래가지 못했다.

그의 아버지는 신경정신과 의사가 아니었고 그가 살고 있는 집은 강남에 있는 빌라가 아닌 고시원이었다는 사실, 가정부 아주머니는 애초에 없었고 고시원 세탁실에서 혼자 빨래를 돌리며 통화했던 사실을 알게 된 것은 만난 지 3개월 만이었다. 이제 와서 뭘 어쩌겠냐는 듯 그의 고백은 태연했다. 그때 그를 차버리지 못하고 눈감아준 일은 폭탄이 되어 수시로 날아들었다.

그는 3개월 동안 아르바이트 일자리를 무려 5번이나 바꿨다. 무단결근이 원인이었다. 오전에 통화가 잘 되지 않던 것은 일을 하느라 바빠서가 아닌 주체할 수 없는 잠 때문이었다. 잠은 언제나 그의 대표적인 변명거리로 쓰였다. 어떨 때는 잠 때문에 약속을 펑크낸 것을 숨기기 위해 거짓말까지 동원되기도 했다. 자고 싶을 때 자고 일어나고 싶을 때 일어나는 게 그의 소원일 만큼 그는 잠을 즐기기 위해 태어난 사람 같았다.

아르바이트 자리를 숱하게 바꾸고 간신히 고시원비와 핸드폰 요금을 내는 그의 생활은 오랜 시간 변함없이 이어졌다. 신용불량자로 카드가 없는 그는 현금이 떨어지면 내 카드를 빌려가 교통카드로 사용하고 끼니를 해결했다. 그런데 어느 시점부터 카드를 사용하는 빈도수가 점점 늘어나고 급기야는 늦은 시간 함께 일하는 사람들과 어울려 마신 술값, 클럽에서 지출한 문자까지 날아오기 시작했다. 그 어떤 상의도 없이 자기 멋대로 카드를 긁는 문제로 자주 다투기를 반복했다. 더 이상 상황을 두고 볼 수만은 없었다. 카드를 빼앗고 그가 직원으로 취업할 만한 곳을 알아보다가 마침 제약회사에 자리가 나와 지원해 볼 것을 권유했다.

시간제 아르바이트만 하던 그가 직원으로 일한다면 책임감이 조금이라도 생기지 않을까 하는 기대심이었다. 그는 곧바로 한 제약회사 영업팀에 지원했고 면접에 합격했다. 처음으로 정장차림으로 출근한 그는 새로운 기분으로 들떠 의욕적으로 일하는 듯했다. 처음 보는 사람에게도 생글생글 웃으며 다가가는 붙임성, 신뢰감이 느껴지는 목소리를 가진 그의 외향적인 모습은 영업 업무와 제격이었다.

3주가 지날 무렵 그는 일이 너무 힘들다며 하소연하기 시작했다. 나는 그가 한 달을 넘기지 못할 것 같은 예감이 들었다.

겨우 한 달을 채운 그는 월급을 받은 날 연락이 되지 않았다.

그리고 이튿날, 모르는 번호로 전화가 걸려왔다. 그가 평소 자주 언급했던 동갑내기 회사 동료 서 씨였다.

"안녕하세요. 이런 일로 전화를 드리게 될 줄 몰랐네요."

"제 번호는 어떻게 아셨어요?"

"민규 핸드폰에서 찾았어요."

"제 번호를요? 이게 무슨 상황이죠?"

"민규가 입사 초에 저한테 돈을 꿨거든요. 80만 원을 요. 월급 타면 꼭 주겠다고 해서 믿고 있었는데 어제 퇴근하고도 돈 얘기가 없더라고요. 마침 회식이어서 술 마시다가 제가 얘길 꺼냈어요. 그랬더니 여자친구한테 월급을 일단 보내야 돼서 이틀 후에 주겠다고 하는 거예요. 자기 돈 관리를 다 여자친구가 한다고요."

"제가 돈 관리를 한다고 했다고요? 전 그 애 월급을 만져본 적이 없는데요."

"월급 타면 그동안 다 갖다 줬다고 하던데, 아니에요?"

"어제 그 회사에서 받은 돈이 그 애 인생에서 첫 월급인 걸로 알고 있어요. 그리고 지금 연락도 안 되는 상황이고요."

"그럼 그 친구가 또 거짓말을 한 거네요."

"혹시 또 거짓말한 게 있어요?"

"죄다 설명드릴 순 없지만 한 달 동안 걔랑 지내오면서 느낀 건 숨 쉬는 거 빼고 다 거짓말이라는 거예요. 그것도 뻔히 들통

날 거짓말만 해요. 그래서 업무적으로 난처한 일도 많았고요."

"회사 생활에서도 거짓말을 하는군요. 좀 충격이네요."

서 씨는 혹시나 그에게 빌려준 돈을 나에게 받을 수 있을까 하는 마음에 전화를 했지만 자신의 동료가 이번 역시 거짓말을 했다는 사실만 확인하게 되었다. 나는 전화를 끊기 전 문득 궁금한 게 있었다.

"그런데 어제 저녁부터 연락이 안 되던데, 회식 끝나고 바로 헤어지셨나요?"

"⋯⋯그게, 솔직히 말씀드리면 2차를 갔어요."

"2차요? 둘이서 한잔 더 했다는 말씀인가요?"

"아니요. 그 2차 말고⋯⋯."

"돈 내고 여자랑 잤나요? 듣기로는 결혼해서 아이도 있으시다든데."

"네, 그런데 요즘 흔한 회식 문화라⋯⋯."

"그냥 더 말하지 마세요. 욕 나오니까."

나는 서둘러 전화를 끊고 그에게 이별통보 문자를 남겼다. 뒤늦게 문자를 본 그는 퇴근 시간에 맞춰 직장으로 찾아와 궁색한 변명을 늘어놓았다. 자신은 2차를 간 기억이 없다는 뻔한 거짓말과 함께.

나는 일주일 동안 혼자 생각할 시간을 가졌고 그와 이대로 헤어지는 것이 아쉬워 관계를 조금 끌어가기로 마음먹었다. 마음속에 알 수 없는 오기가 들끓었다. 회사 동료 서 씨가 말한 그 월급을 실제로 받아보고 싶었다. 그에게 그동안 써왔던 데이트 비용, 정신적 트라우마를 최소한의 돈으로라도 보상받고 싶었다. 얼마가 됐든 그가 땀 흘려 일한 한 달 치 월급만 받으면 그와 끝낼 수 있을 것 같았다.

그는 제약회사를 그만두고 숙식이 제공되는 모텔에 취업했다. 더 이상 비좁은 고시원을 전전하고 싶지 않다고 했다. 그는 용케도 한 달 이상을 버텼다. 하지만 또다시 잦은 무단결근으로 자리를 옮겼다. 숙식이 제공되어서 그런지 그는 다른 일을 찾지 않았다. 밤과 낮이 바뀐 그의 일은 나와 시간이 맞지 않아 거의 만날 수 없었지만 상관없었다.

한창 서로가 바쁠 무렵, 잊지 못할 한 통의 전화가 걸려왔다. 그날은 일요일 한낮이었다.

"여보세요? 저……, 민규 아시죠?"

"네, 누구세요?"

"저 민규 여자친군데요……."

"네? 누구라고요?"

"민규가 그쪽 얘기를 저한테 가끔 했거든요. 혹시 요즘도 연락하세요?"

"제 얘기를 했다고요? 그 새끼가?"

"네, 오래 만났던 여자 있다고요. 어제는 술 취해서 그쪽 얘기를 한참 꺼내길래 너무 기분이 나빠서 개 핸드폰을 몰래 봤더니 사진도 안 지워져 있고 너무 놀라서 전화한 거예요. 너무 답답해서 확인하려고요."

"되게 어이없네요."

"솔직하게 말해주세요. 저한텐 너무 중요한 문제예요. 민규랑 결혼하기로 하고 부모님까지 만난 상황이거든요."

그녀의 입에서 나온 '결혼'이라는 단어에 나도 모르게 그만 실소를 하고 말았다.

"그놈이 어디까지 말하던가요? 아직 저랑 안 헤어진 건 말 안 했죠?"

"아직 만나고 있단 말씀이세요?"

"그냥 이참에 우리 서로 다 까놓고 말해보는 건 어때요? 전 오히려 그쪽 전화가 반가워요."

이상하리만치 그녀에게 질투의 감정이 없었다. 오히려 간 큰 놈에게 속은 그녀가 안쓰러워 구출해주고 싶은 마음이 발동했다. 그가 대체 자신에 대해 어떻게 설명했는지 궁금해 그녀에게 물었다.

"부모님이 두 분 다 사고로 돌아가셔서 가족이 없다고 했어요. 다행히 부모님이 생전에 보험을 들어놓으셔서 보험회사에서 사망 보험금 4억을 탔다고 했어요."

"4억이요? 그런 어마어마한 돈이 있었는지 저도 몰랐네요."

"저한테 거짓말한 거예요?"

"아마도요. 그저 웃음밖에 안 나오네요. 직업은 뭐라고 하던가요?"

"제약회사 다닌다고 했어요."

"역시 그랬구나."

"그것도 아닌가요?"

"네, 제약회사는 예전에 아주 잠깐 다녔죠. 지금은 모텔에서 일해요. 근데 그 일이 야간 근무라 그쪽 분과 데이트하려면 시간이 안 맞을 텐데……?"

그녀는 한동안 말을 잇지 못했다. 감정을 추스를 수 있게 아무 말도 하지 않고 기다렸다. 그녀도 나와 비슷한 피해자란 생각이 들었다.

"그런데 어떻게 만나신 거예요?"

"동창회에서 만났어요. 사실 저는 그 애 기억이 없는데 한 반이었던 적이 있다더라고요. 동창회에서 다 같이 번호 교환했었고, 그 후로 계속 연락이 왔어요."

"그때가 언제였어요?"

"두 달 좀 안된 거 같아요."

"연락이 뜸하기 시작한 때네요."

"너무 혼란스러워서 뭘 어떻게 해야 좋을지 모르겠네요."

"전 어차피 걔한테 마음 뜬 지 오래됐어요. 진작 헤어지고 싶었는데 그 새끼가 하도 붙잡아서 여기까지 온 거예요. 집으로 계속 찾아오니까요. 그리고 제가 꼭 받아야 될 돈이 있는데, 갑자기 돈이고 나발이고 다 귀찮네요. 이참에 깨끗이 정리해야겠어요."

내 입장을 분명히 밝히고 나니 마음이 홀가분했다. 하지만 의문이 들었다. 그가 자신에 대해 말한 것들 중 그녀에게 확인시켜준 게 아무것도 없었을 텐데 그녀는 어쩌자고 그의 말을 믿고 결혼까지 결심한 걸까. 그리고 그는 어쩌자고 사기 결혼을 감행하려고 했을까.

나는 그녀에게, 내가 알고 있는 진실을 말해주었다. 그의 부모님은 두 분 다 살아 계시고 통장에는 4억 원이 아닌 최대 40만 원이 있을 것이며 지금이라도 구정물에서 발을 빼고 싶다면 언제든 도움을 줄 수 있다고 말이다.

그녀는 결국 그와의 헤어짐을 선택했고, 그녀가 나와 통화했던 사실을 알게 된 그는 변명조차 할 수 없게 되었다.

"언니, 고마워요. 제 상황을 무시할 수도 있었을 텐데 모른 척 안 하시고 진실을 말해주셔서. 언니가 아니었으면 큰일날 뻔했어요."

그녀에게서 진심어린 인사를 받고 가슴이 벅차올랐다. 이런 일로 보람을 느낄 수도 있다는 게 신기했다.

그렇게 파도가 지나가고 보름이 지나서 그에게서 문자 한통이 왔다.

― 내가 그동안 너한테 남자로서의 면모를 보인 적이 없는 것 같아. 나는 지금 여자친구 이상의 너무 큰 존재를 잃어버린 기분이야. 잘 지내.

그는 까발려진 자신의 부끄러운 행실을 차마 문자에 담지 않았고 내게 사과 한마디 할 용기조차 없어 보였다. 그가 말한 '큰 존재'는 어쩌면 나를 여자친구가 아닌 '부모 같은 존재'로 표현한 것일지 모른다. 내가 그에게 그런 존재였다면, 정말 그렇다면, 그는 그런 식으로 행동하지 말았어야 했다. 거짓말로 시작해 모든 순간을 거짓말로 모면하던 그는, 지금도 가면을 쓴 채 살아가고 있을까.

그해 겨울이 지나고 다음해 여름이 가까워올 무렵, 친구와 부산으로 여행을 갔을 때였다. 얼떨결에 받은 휴대전화 속 귀에 익은 목소리가 한껏 들떠 있던 내 기분을 가라앉혔다.
"나야. 잘 지냈어?"
"어떻게 나한테 연락을 할 수가 있니?"
"다른 게 아니라 옛날에 너한테 맡겼던 버버리 체크 남방 있잖아. 그것 좀 택배로 보내주면 안 될까?"
늦었지만 미안했다고 말하길 기대했다. 옷을 핑계로 나의 의중을 떠보기 위해 연락한 게 아닌, 뒤늦게나마 자신의 부끄러운 행실을 사과하기 위해서.

그러면 나도 '이제 다 잊고 각자의 길을 가자'라고 쿨하게 말하려 했다. 그런데 그는 자신이 얼마나 뻔뻔하고 형편없는 사람인지, 아직도 그때와 변함없다는 것을 다시 한번 확인시켜 주었다.

그는 자주 입버릇처럼 내게 말했었다.

"나 버리면 안 돼." 그 말의 진짜 의미를 나는 안다.

그것은 단지 재혼가정에서 힘들게 자라온 자신의 어릴 적 상처 때문에 하는 말은 아니었다.

그의 진짜 속마음은, 사실은 이런 게 아니었을까.

'내가 무슨 짓을 하든 버리지 마. 설령 버림받을만한 행동을 하더라도 나를 포기하지 말고 그냥 다 감싸줘.'

아닌 걸 알면서, 나는 그러려고 노력했었다. 매번 속아주고 용서하길 반복하면, 그가 조금이라도 달라질 줄 알았다.

버림받는 것을 두려워하면서도 버림받는 일이 어울리는 현실을 만들어내던 그는, 지금도 세상을 상대로 연극을 하며 살아가고 있을지 모른다. 자신이 쓴 거짓 가면까지도 무조건적인 사랑으로 인내할 '엄마를 대신해 줄 그녀'를 찾기 위해서.

나는 '욱'하고 올라오는 화를 누르며 핸드폰 속 그에게 태연한 척 대꾸했다.

"아, 그거 너랑 헤어지고 바로 중고나라에 팔았어. 너무 싸게 팔아서 좀 아깝긴 해. 그래도 내가 갖고 있는 것보단 헐값에라도 처분하는 게 나으니까."

"그랬구나. 우리 언제 한번 만나서 밥……."

— 띠리릭.

그 이후로도 그는 바뀐 번호로 몇 차례 더 전화를 했고 나는 그때마다 그의 목소리를 확인하는 순간 말없이 종료 버튼을 눌렀다.

에필로그

  이 책에서 풀어놓은 주인공들은 일상의 외로움과 형용하기 힘든 허무로부터 자신을 구원해줄 누군가를 기다린다. 그 대안이 연애였고, 서서히 약물에 중독되듯 그들은 자신의 삶을 그릇된 관계의 수렁으로 밀어넣고 있었다.
  맹목적인 사랑, 이기적인 사랑, 사랑이라 말하지만 실은 변질되어버린 집착, 그녀에게는 사랑, 남자에게는 육체적 재미였을 뿐인 어긋난 사랑, 삶 자체를 파괴할 수도 있는 사랑, 그것이 사랑인지 욕망인지 구별도 못하는 불나방 같은 사랑…….

"전 뭐가 문제인 거죠?"

  내 이야기는 이 한 문장으로부터 시작되었고, 이제 원고의 마지막 장을 써내려가며 책을 마무리하고자 한다.

"사랑하라. 한 번도 상처받지 않은 것처럼."

시인의 문장처럼, 이 책을 통해 잃어버렸던 순수를 회복하고 이제는 온전하고 건강한 사랑만 할 수 있게 되기를. 꼭 그렇게 되기를.

"아닌 줄 알면서 또 같은 사랑에 빠지지 않기를."